THE
ROSE
ORACLE

玫瑰神諭
真愛指引卡

～ 中文詳解專書 ～

U0013127

芮貝卡・坎貝爾 Rebecca Campbell・著　凱蒂－露易絲 Katie-Louise・繪　安德魯・譯

△

獻詞

獻給我的祖母
瑪格麗特·瓦特（Margaret Watt），
她帶領我走進花朵的世界，
她的雙手總是放在土地上。

以及，獻給所有正在尋找
與療癒根源的人。

△

目錄

玫瑰
玫瑰的古老奧祕

神諭
使用《玫瑰神諭》

牌卡
訊息與涵義

△

致謝

創作這副神諭卡是一趟令我深感謙卑的旅程，我獨自一人是無法完成的。這件創作的織錦，交織著許多已知與未知的絲線，我為此深受感動與心懷感激。

這套神諭在英國西南部的格拉斯頓伯里誕生。我要感謝這片土地的守護者及看管者：凱爾特頓諾尼亞人（Dumnonii）以及古阿瓦隆島的植物、石頭、水與其他存有。感謝這片土地的守護者和倫敦攝政公園的古凱爾特人：特里諾萬特人（Trinovantes）與坎蒂亞奇人（Cantiaci），這裡是玫瑰首度對我說話的地方。感謝牌卡藝術創作地的古凱爾特人：卡圖維勞尼人（Catuvellauni）。

感謝我的家鄉格拉斯頓伯里的植物，尤其是我花園裡的植物。獻給野玫瑰和庭園玫瑰，忍冬和茉莉，橡樹和歐洲紅豆杉。感謝你們支持我更加深植

於此。

感謝自古以來許多與玫瑰有關的原住民傳統與文化，包括我所屬的在內。

感謝歷代承載著玫瑰的象徵意義、智慧與祕密的神祕主義者、藝術家與詩人。特別是傳授這些智慧法門的人，畢竟在當時這麼做需要涉險。當然，還有那些回來分享她的智慧的人。

感謝塞姬·莫若（Sage Maurer）提供了一個空間，讓我在其中探索對花朵、野草及其他植物盟友深切的愛，使我的根更加深入回歸大地。感謝我的阿瓦隆姊妹伊麗莎·雷諾斯（Eliza Reynolds）與瑪德琳·吉勒斯（Madeline Giles），感謝你們現身，與我在花園裡頓頓足起舞。

感謝克雷格·葛雷（Craig Gourlay），在我們知道它是老玫瑰小屋（The Old Rose Cottage）之前，你就已經對它說「是」了。感謝你響應回歸自然、獻身自然的召喚。還要感謝你長久以來的耐心與研究上的支持，確保這套神諭擁有紮實深厚的根

基。

感謝菲利普‧奈特（Philip Knight），他一直保護與照看這些植物，並幫助我們讓老玫瑰小屋恢復生機。

感謝我的團隊：艾美‧基博德（Amy Kiberd）、杰德‧佩雷茲（Jade Perez）、琳賽‧科旺（Lynsey Cowan）、艾美‧佛斯（Amy Firth）、佩姬‧帕森斯（Paige Parsons）、寶拉‧勒芙－喬伊（Paula Love-Joy）與芮艾儂‧克莉絲蒂（Rhianon Christie），感謝你們始終如一的奉獻、堅定的忠誠及穩健的支持，讓此一創作得以在世界上實現。

感謝英國賀氏書屋（Hay House UK）的全體團隊，特別是蜜雪兒‧皮莉（Michelle Pilley），在這套神諭還是尚未萌芽的種子時，就張開雙臂歡迎她。

感謝自 2010 年以來，持續編織走進我道路的玫瑰兄弟及姊妹們。

感謝碧妮・丹斯比（Binnie Dansby）提醒我透過生命的極端敞開心房，在身體與靈性上皆然。你睿智、安全的存在，讓我的靈魂比以往任何時候都更全然地種植在此。

感謝卡珊德拉・羅莎（Cassandra Rosa）和艾莉克絲・索普（Alix Thorpe）對我的支持，使我跨越身為母親的門檻後，能夠如此美妙地體現玫瑰的醫藥（Medicine）。

感謝黛博拉・伊格頓博士（Dr Deborah Egerton）和崔西・庫柏博士（Dr Tracy Cooper），感謝你們的專業知識與誠實，感謝你們成為創作過程中如此重要的一部分。

感謝凱特・薩維奇（Kate Savage），她感受到了玫瑰的召喚，而且不執著於結果。

感謝凱蒂－露易絲（Katie-Louise）與我一起踏上這段狂野、深沉、療癒與創造的旅程。我為我們所創造的一切感到驕傲。感謝你的忠誠、開放，並始終努力以這種奉獻與幽默的態度，將這套神諭

的願景帶進現實。我非常感謝我們的合作關係與友誼。我們都不曉得這個過程竟會如此深刻，我絕不會去更動它的一絲一毫。

感謝我的兒子桑尼（Sunny），讓我在這裡根植得比我想像中更深。

感謝玫瑰母親，感謝妳的醫藥和永不止息的玫瑰線。

△

玫瑰

玫瑰的古老奧祕

玫瑰的召喚

多年來，玫瑰母親一直在我的耳邊低語著。她引導我創作這副神諭卡，藉此揭開古老玫瑰奧祕的面紗，讓你與玫瑰的神聖能量重新連結，而我相信玫瑰是這些時代深具效力的治療師。

2010 年，玫瑰以我能夠帶著覺察理解的方式，第一次出現在我面前——在此之前，我發現這朵神祕的療癒之花，就隱藏在顯而易見處。當時的我正處於一段異常艱難的時期，並經驗著深刻、難以擺脫的悲傷。當休眠的生命力開始在我體內盤旋時，玫瑰現身成為我的伴侶。她在我不斷變化的生活的土壤中將我牢牢接住，同時向我展示要如何在我最想關閉、冰封我的心時，勇敢地敞開心房。她引導我強化、療癒及軟化我的心（正面與背面都是），回到地球，面對陰影與莖刺，並敞開接受生命的甜蜜。

跟隨玫瑰線的蹤跡

回首往事，我看到自己深受祝福。這些「玫瑰線的攜帶者」：織進我生命中的這些人，他們的存在使我與玫瑰的療癒之力產生連結，讓我回歸自我。起初這看似微不足道，但我愈是與玫瑰合作，就愈能敞開接受她的醫藥。

一名女士告訴我，在她離婚後，她替自己買了柔和的粉紅玫瑰，來當作一種自我照顧的方法，她認為這些玫瑰幫助她療癒了自己的心。另一位則與我分享了她所創作的數百幅畫作，全都致力於表現這朵螺旋之花的美麗、感性與神祕的品質。一位薩滿女醫者指導我用一滴純玫瑰精油塗抹心臟的前後，於是當我穿越看似無情、荒蕪的黑夜時，能夠從內心釋放悲傷。

我開始喝玫瑰花瓣茶，以及使用花精、順勢療法與浸泡液。我開始與我稱之為玫瑰母親（Mother Rose）的存在一同冥想。不知不覺中，玫瑰工作（Rose Work）成為了我日常修練的一部分。2010年初，我開始每週一次的儀式，步行到當地的花

市，用六朵與我的靈魂對話的玫瑰犒賞自己。這個簡單的儀式有如帶著節奏的邀請，使我的靈魂能夠更全然地在這裡種植自己。我會把花插在我在二手店鋪找到的小玻璃罐裡，在我工作室公寓的每個角落設置漂亮的祭壇。

當我看著玫瑰綻放時，我的心開始軟化。當我啜飲它們甜美的芬芳時，我逐漸允許甜蜜回到我的生命裡。當它們的莖刺扎傷我，我被提醒要照顧好自己。當它們的美使我屏息，我開始注意到我周遭出現更多的美。不知不覺中，我對這古老的花朵產生了深厚的感情。玫瑰成為我透過身體感官：味覺、嗅覺、觸覺與視覺，來體驗靈魂的門戶。

與玫瑰一同創造

不久之後，我找到了前往倫敦攝政公園瑪麗皇后玫瑰園的路，這時玫瑰才真正開始發揮她的作用。那裡的玫瑰園擁有該市最大的玫瑰收藏，有八十五個品種、約有一萬兩千朵花。我發現，當我靠近玫瑰時，我可以更清楚地聽到內心的聲音，也就是我靈魂的「低語」。我花在玫瑰上的時間愈多，

我與身體及靈魂的聯繫就愈緊密，也愈能感覺到與我自己的真實本性是相連結與和諧的。

很快地，詩歌與寫作的靈感如潮水般湧上心頭，我發現自己正在寫我的第一本書。我記得完成最後一章的那一刻。我坐在玫瑰樹冠下的公園長椅上，環顧花園，開始哭泣，意識到我與玫瑰一同攜手寫了整本書。它們是我在這裡更全然種植自己的門戶，同時間，彷彿有一個全新的世界打開了。就好像神聖將兩個世界（靈魂和天堂、實體地球和我的身體）重新編織在一起。

玫瑰的美麗、芬芳和她勇敢的綻放，邀請我的靈魂更全然地存在這裡；愈來愈能活在當下。當我看著它們信任季節時，我也比照遵行。就彷彿它們在教導我的靈魂如何成為更完整的人。永遠在呼喚我擁抱自身不斷變化的本性。

現在回想起來，我可以看到，玫瑰的這種啟動帶領我多年來創作出許多作品。一開始我只是追隨點燃我心火的玫瑰，後來她卻成為了我的創意繆思。經過多年的寫作與旅行帶領工作坊，我開始注

意到我想做的就是與花在一起、與之合作並談論花的美麗。我記得我向一位朋友坦白了這件事，而他鼓勵我去追隨讓我的心歌唱的事物。這副神諭卡就是那一次談話的成果展現。

重返花園

在倫敦待了十一年後，我開始感覺到我必須離開這座城市，受到召喚去過更加投入自然的生活。我開始向我未來家園的土地神靈祈禱，召喚我前往那裡。每次當我調頻接收時，都會看到一個如水晶般清晰的景象。我躺在最柔軟的綠色草地上，彷彿草地在擁抱著我；在一個美麗的玫瑰園裡，種滿了我最喜歡的玫瑰：大衛奧斯汀玫瑰和一種古老的野玫瑰，名叫法國薔薇（Rosa gallica）。但是我無法確定這個地方到底在哪裡。

在我多年來收到這個異象，並考慮搬回澳洲時，有一天早上，我自然而然地醒來，知道這個花園就在英格蘭西南部的格拉斯頓伯里鎮。我立刻在那裡找到了一處感覺像家的房子（雖然它並沒有玫瑰園）。四星期後，我們搬了進去。

我們新家的花園受到嚴重忽視，許多看似枯死的植物根部都鋪上了柏油。土生土長的雜草和野花從下面肥沃的土壤縫隙中鑽出來，拒絕成排生長，對困境的適應力變得愈來愈強。就這麼周而復始，我們照料花園，看著它開始強勁地恢復生機。在當地園丁菲利普的幫忙下，我們種了 20 朵新玫瑰，他教我要如何照顧它們。

每次新年，遭受忽視的古老玫瑰花叢開始出現。當我們的玫瑰開始綻放時，當地人會在早上散步時經過，分享他們對花園「回歸」的感激之情。我們了解到，在我們搬進來的數十年前，這座房產其實叫做「老玫瑰小屋」，由一位與玫瑰有深厚感情的女人所打理。她的花園長滿了最精緻美麗的玫瑰。每一年，她都會搭公車去倫敦參加切爾西花展（大衛奧斯汀玫瑰展是她的最愛），而且一定會帶一朵新的玫瑰回來栽種。

我開始學習神聖的植物醫學和直覺藥草學，並學會如何更密切地與玫瑰以及當地的野花（我花園裡充滿養分的藥草、雜草與其他植物盟友）合作。

我學會如何乾燥植物來製作茶、浸泡液、精華液、祝福藥草以及其他的大地魔法。

我很幸運，能夠近距離觀看大自然最偉大的表演之一：玫瑰萌芽、綻放、結果，並在每一年回歸大地。我開始研究玫瑰在神祕藝術中的象徵意義，並閱讀以玫瑰為主題的古老神話與故事。隨著時間的演進，我愈來愈能夠在這裡種植自己。召喚我的靈魂一路進入我的身體，從我的指尖到我的腳趾。多虧了這株神祕的植物，我的生命擁有更多深度、廣度、美麗、神祕、視角及甜蜜。我很好奇是不是她讓我的靈魂選擇回到這裡。

玫瑰之藥

我知道我並非唯一一個與玫瑰有這種連結的人。我相信她對我們所有人都擁有治療的醫藥。這是因為我們是大自然的一部分，她總是在對我們說話。既然你正在讀這些句子，或許玫瑰也一直在呼喚你；呼喚你回到地球，在這裡更深地種下自己，留心美麗，憶起神祕，將所有神聖的一切都編織進去。

我對這個神諭的祈求是，希望它能稍稍打開門，與你靈魂的智慧交流，並將其種植在你身體的花園裡。它支持你深入定根，讓你能夠找到勇氣去享受生命中萌生的花苞、開花綻放與結果。

　　我們每個人都是一粒種子，我們都擁有一座最為精緻的玫瑰園，呼求我們照料、展示它的美麗。願這些牌卡鼓勵你內在的種子生根、發芽與開花。

　　愛你們的，

　　芮貝卡

△

我們即自然

如果你在字典中查找「自然」一詞，會看到一個定義：「自然是地球上的所有植物、動物與有形特徵，以及它的作用力量與過程。」你還會發現這個定義不僅省略了人類，還明確指出我們不是自然的一部分。我們與它是分開的。那麼，有這麼多人感到如此脫節、解離，這有什麼好奇怪的？人類對這個星球造成了那麼多傷害，而不是將自己視為它的延伸，也就不足為奇了。

我相信，這就是我們許多人感受到的斷裂感與解離感：與地球本身、與我們自己和彼此分離。我相信，人類與作為我們母親的地球的分離——與她的季節、循環方式和不斷變化的狀態分離——導致了我們今天在這個星球上所面臨的許多問題。當我們將神視為天上的人，而非與地球交織在一起時，這種分離就變得更明顯了。

我相信，現在我們比以往任何時候，都更需要看到所有事物的神聖性。去留意我們周遭令人嘆為觀止的美。看見樹木、花朵、植物與石頭中的神聖，以及我們自己和彼此之間的神聖。重新將靈魂編織到我們的日常生活中。而我相信玫瑰是實現此一目標的有力途徑。

重返花園

如果追溯得夠遠，我們都會在自己的祖先中，找到以地球為本的原住民傳統。智者們照料這片土地，並對貫穿這片土地的神聖表示敬意。儘管殖民主義與父權體制造成了悲慘的傷害，但仍有原住民智慧的守護者（不論是還活著的或已逝去的）持有這條絲線並為我們歌唱。

願我們保護、支持與尊重他們。願我們深深聆聽他們的歌聲。植物、樹木、花卉與石頭，也繼承了這種失落的智慧。透過與玫瑰等植物合作，我們可以回歸地球，回歸我們的祖先——那些沒有忘記的人。當我們這麼做時，就有可能發現他們也正在為我們歌唱。

對我們大多數人來說，與我們祖先的古老地球傳統的連結，已經被殖民主義與教會的入侵切斷了。將地球作為活生生的女神與偉大的母親來崇拜，這件事曾受到禁止，而且在許多情況下，也被人遺忘了。由於迫害與禁聲，對神聖陰性與大地的崇敬開始沉寂下來。在世界各地，治療師、薩滿、巫醫、助產士與那些使用植物治療的人受到迫害，他們的智慧工作被禁止。可悲的是，有些譜系已經失傳，但在植物中，它們仍在迴響。

儘管如此，在所有這些時期與所有傷害之後，大自然仍在撫育、療癒我們，聲聲呼喚我們回到她的身邊。樹木、石頭、植物、花朵……現在，大自然比以往任何時候，都更需要我們記住她，並將神聖的事物編織回我們的日常生活中。我相信她正在向我們展示如何身而為人，並在每時每刻，都在地球上茁壯成長。玫瑰是眾多植物中的一種，她正在歌唱，讓我們在為時已晚前回歸自己、彼此與地球——她是為我們而做，不是為她自己而做。願我們留意、聆聽並擁抱她的召喚。

△

玫瑰的古老根源

玫瑰是一種古老的花朵，其根源比人類的要來得深——它們的歷史可追溯到 3500 萬年前，在亞洲、歐洲和北美，都有發現玫瑰葉與花瓣的化石遺跡。

雖然今天有無數種玫瑰，但它們主要可分為三大類。第一類是種玫瑰，通常被稱為野玫瑰——這是最古老的類型，源自於法國薔薇。種玫瑰只開一次花，有四到八片花瓣。第二類是古老的花園玫瑰；這是西元 1867 年之前存在的玫瑰，在當時引進了第一株雜交茶玫瑰。古典庭園玫瑰有阿爾巴、艾爾郡、波旁、布爾薩、千葉和中國。第三類則是現代的雜交玫瑰。

在漫長的時間裡，在文本、碑文、藝術與詩歌中，都可以找到人們對玫瑰的虔敬。玫瑰作為人類之愛、神聖之愛、美麗、療癒、陰性、隱藏的祕

密及神祕主義的象徵，在全世界受到治療師、藥草師、植物學家、戀人、花匠、藝術家、詩人、神祕主義者等人的崇敬。

在許多古代的文化中，都有關於玫瑰的藥用及其他用途的記錄，包括美索不達米亞——在 600 塊美索不達米亞的泥板上，玫瑰一詞就出現了 181 次——以及據說起源於中國的中國玫瑰。在埃及的古墓中發現了玫瑰花環的殘留物，在希臘羅德島發現了描繪玫瑰的硬幣，據說可追溯到西元前 500 年左右。

玫瑰與女神

玫瑰是神祕的百花女王。從伊什塔爾（Ishtar）到愛西斯（Isis），從阿芙羅黛蒂（Aphrodite）到維納斯，從伊南娜（Inanna）到聖母瑪利亞，我們愈是去追溯玫瑰的絲線，就愈常看到這朵花在世界許多傳統中作為女神的象徵出現。此外，這些女神往往有著驚人的相似處。有的被祕密供奉，有的被吸納改名。在許多情況下，玫瑰的香味是將藝術與故事編織起來的元素，成為在

當中出現的眾多神聖的象徵之一。

在古代，世界各地的母神雕像周圍都放有玫瑰花環，藉此來敬拜她。今日，天主教徒所使用的念珠，便源於這種玫瑰傳統。事實上，玫瑰經（rosary）這個詞來自拉丁語 rosarium，意思是「玫瑰園」、「玫瑰花冠」或「玫瑰花環」。就像古代的女神，耶穌的母親瑪利亞與玫瑰密切相關，並以許多與花有關的不同名稱而聞名，包括「奧祕玫瑰」與「無刺玫瑰」。

伊南娜是美索不達米亞女神，與愛、美、性、戰爭、正義和政治權力有關，她的象徵就是玫瑰。玫瑰也是埃及女神愛西斯（被認為是蘇美女神伊什塔爾的化身）與索菲亞的象徵，而索菲亞是創造之初就存在的力量（有關索菲亞的更多訊息，請參見第 148 頁）。

神話與傳說中的玫瑰

在古希臘羅馬的神話與文學中，玫瑰是愛與美的有力象徵。荷馬的《伊利亞特》（Iliad）描述

了玫瑰油是如何被用來塗抹赫克托爾（Hector）的身體，後來再由愛、美麗、快樂與生育的女神阿芙羅黛蒂進行防腐處理。阿芙羅黛蒂經常被描繪成頭上戴著玫瑰花冠，並用大量的白玫瑰來榮耀她。傳說中，玫瑰本身是從阿芙羅黛蒂的愛人阿多尼斯（Adonis）死去時，從她的眼淚中長出來的；當女神的一滴血落在玫瑰上，它就由白轉紅了。阿芙羅黛蒂的兒子，愛與情欲之神厄洛斯（Eros），經常被描繪成帶著玫瑰花環。

據說美惠三女神（The three Graces）──與美麗、魅力、自然、創造力與生育力有關的古希臘女神──將玫瑰散落在大地上，以慶祝靈魂女神賽姬（Psyche）與愛神的結合。

羅馬人吸納了對阿芙羅黛蒂的崇拜；他們將她命名為維納斯，而她後來也跟玫瑰園的意象產生連結。對維納斯最著名的描繪之一，就是義大利藝術家桑德羅‧波提切利（Sandro Botticelli）15 世紀的畫作《維納斯的誕生》。它捕捉到古代神話中，維納斯從大海的泡沫中誕生，而泡沫落下的地方，

生長著白色的玫瑰。

在一個羅馬故事中，春天和花朵的女神芙蘿拉（Flora），在森林中發現了一個美麗仙女的屍體。她悲痛欲絕，於是祈求它變成有史以來最美麗的花朵。美惠三女神與維納斯隨後將仙女的屍體變成一朵玫瑰。從那天起，玫瑰就被稱為「百花女王」（請見第 122 頁了解更多訊息）。在另一個羅馬神話中，據說女神希栢利（Cybele）或大地女神（Magna Mater）創造了玫瑰，出於對維納斯的嫉妒，她想要用更美麗的東西來吸引阿多尼斯。

玫瑰和隱密的凱爾特女神崇拜

玫瑰與基督教之前凱爾特人的女神也有很深的淵源，在凱爾特傳統的許多祭典與儀式中，玫瑰用來代表心臟。然而，當基督教被羅馬人接納，隨後傳遍整個帝國時，異教的鮮花節慶與儀式便受到教會的譴責。有一段時間，墓地裡甚至不可以出現玫瑰。

隨著基督教在歐洲各地的建立，教會的皈依

策略之一，是用基督教聖徒取代這片土地的居民數百年來所崇拜的神靈。例如，凱爾特女神布莉姬（Brigid）變成了聖布里姬特（St. Bridget），女神阿努（Anu）變成了聖安妮（St. Anne）。由於人們被教導只崇拜一位「陽性」上帝，以及神聖三位一體的聖父與聖子，因此，在古代女神崇拜與本土凱爾特人的精神傳統中所存在的對陰性與自然的崇敬，已經消失了大半。

然而，那些渴望與神聖陰性保持聯繫的人，找到了通往她的新途徑。對某些人來說，這種願望表現為對聖母瑪利亞的虔誠，用玫瑰來代表她——就如同早期的母神。瑪利亞成為人們可以積極崇拜的女神，而不必擔心受到迫害。

神祕與祕密的象徵

在歷史上，玫瑰一直是祕傳知識與保密的象徵。古羅馬人在特殊場合佩戴玫瑰花瓣的花環，當這些花環掛在重要的聚會場所上方時，在其下方進行的對話就稱之為 sub rosa，字面意義為「在玫瑰之下」。據了解，任何「在玫瑰之下」說過的話都

會保密留存，不再重述。

還有一個古埃及神祇的形象，愛西斯的兒子荷魯斯，他拿著一朵玫瑰坐著，把手指放在嘴唇上，象徵著對「奧祕」的沉默──那些神聖及隱藏的事物。玫瑰十字的起源與玫瑰十字會有關，該兄弟會以其象徵，也就是十字架上的玫瑰而得名。該會聲稱擁有自古所流傳下來的奧祕智慧。

雖然玫瑰具有藥用價值，可用於飲食與治療目的，例如茶、油及萃取物，但也許她對人類的主要目的，是喚起一種敬畏感。當玫瑰簇擁在我們身旁時，我們的靈魂會聽到更全然地來到這裡的邀請。她的氣味與對稱性令人屏息，讓我們同時擁有超越性（transcendence）與內在性（immanence）[1] 的時刻。有些人將玫瑰十字視為這一點的象徵：玫瑰就是天地之間的交匯點。性靈與地球合而為一。靈魂在這裡植根。

伊甸園的聖經故事以蘋果為主題。蘋果與玫瑰一樣，屬於薔薇科植物。有一個秘魯的古老故事，可能與這種關聯呼應。在故事中，夏娃拿的是玫瑰

而不是蘋果。我很好奇，如果我們熟知的是這個版本，生命將會有多麼不同。伊甸園的亞當和夏娃可說是人類最具影響力的故事之一，因為夏娃被趕出神聖的花園並陷入原罪。在我看來，這是我們與玫瑰母親合作時必須改寫的故事。

我相信我們都正在受邀，去憶起並意識到：我們都是神聖與聖潔的；我們的靈魂一直是不朽的，而我們從一開始就沒有被趕出花園——因為我們即自然，從靈魂到骨骼，從精神到腳趾。神聖陰性正開始著手修復我們與地球和自然的斷裂——讓我們將自己視為自然，讓我們將我們每個人內在的陰性視為神聖與聖潔。

1　譯注：在哲學與形上學的概念中，簡單來說，超越性認為所謂的上帝超越物質世界，或在物質世界之外；而內在性則認為上帝是存於具體的物質之內。

玫瑰與神聖和神祕主義的關聯

在伊斯蘭教中，玫瑰的芬芳代表靈魂的神聖性，而在伊斯蘭教和基督教中，如果附近沒有玫瑰卻聞到玫瑰的香氣，則象徵神聖的臨在。伊斯蘭文獻說，當穆罕默德踏上與神聖同在的旅程時，他的一顆汗水滴在地上，然後就在原地化作了一朵玫瑰。

在神祕主義的伊斯蘭運動蘇菲派中，玫瑰象徵完美，以及與上帝的深度結合。她身上的刺代表我們能夠面對的困難，而玫瑰持續綻放的事實，包含了在你活著的同時還能重生的教義——在其他的神祕主義傳統中，也存在這一道課題。

對蘇菲派的神祕主義詩人來說，玫瑰代表上帝的完美之美，象徵所有生命的神聖幾何。我最喜愛的神祕主義詩人，是生活在十四世紀的哈菲茲（Hafiz）。他生於有「玫瑰之城」之稱的伊朗設拉子（Shiraz）；他在詩歌中親密地使用玫瑰來獻給內心的摯愛[2]。其他像是魯米（Rumi）的蘇菲派詩人，也將玫瑰置於神祕的精神生活的中心。

在塔羅牌中，玫瑰通常出現在四張牌上。愚人牌上，白玫瑰代表純潔；魔術師牌上，它通常代表展開的智慧；力量牌上，它傳達平衡；死神牌上，它則傳遞清晰的訊息。

縱觀歷史，玫瑰也與天使有關。某些人認為，透過擺放玫瑰，它們就會吸引天使的層界，如果我們在周遭沒有玫瑰的情況下，有幸聞到空氣中芬芳的玫瑰花香，就代表天使就在附近。

在文學中，但丁的詩作《神曲》第三部名為〈天堂篇〉，探討了玫瑰的一些奧祕。最後一部則是陽光普照下的一朵白玫瑰，代表神祕主義者與上帝的結合。詩人的靈性追求在此獲得了滿足。

在數學裡，斐波那契數列及其所依據的黃金比

2　譯注：哈菲茲，人稱「設拉子的夜鶯」。他的詩歌風格不失幽默、充滿熱情。由於蘇菲派非屬止統，於是多用象徵性的語言來掩飾教義，例如夜鶯是愛人，而玫瑰就是摯愛，藉此歌詠精神的自由與表達對上帝的愛。

例，是在西元 1202 年發現的一種數列。這個數列中的每個數字，都是前兩個數字的總和，你可以在整個生命形式中找到與其雷同之處。玫瑰的花瓣保持著這個神聖的比例，每一組新的花瓣都在前一組花瓣的空間中生長。也許這就是為什麼，當我們凝視玫瑰的螺旋，會感覺自己正在發生變化。

在這個古老智慧陸續被揭曉，神祕被科學證明的時代，玫瑰在整條歷史長流中的意義，似乎才剛要開始展現在我們面前。她的祕密，似乎隱藏在顯而易見處。

隨著玫瑰日益流行起來，逐漸被我們的心懷抱，我們不再只將溫室所種植的長莖紅玫瑰，視為情人節的商業愛情宣言，而是看到一個神祕、療癒，她所容納的一切神聖、陰柔且隱密的世界，並發現自古以來，這些一直是她所象徵的一切。

從內心深處，玫瑰正在呼喚你什麼呢？

△

變動時代的治療師

我相信這日益受到歡迎的古老花朵，正帶著攸關人類心靈非常重要的訊息。我相信她攜帶強大與令人渴望的醫藥，以及這些時代十分需要的療癒能量。

在這個時間點，人類在很大程度上迷失了方向，有這麼多的分裂與創傷需要療癒。隱藏在如此古老的神祕與神聖之中的玫瑰，似乎正在向我們伸出手來。或者，其實是我們在對她伸出手來。

在我與她積極合作超過十年的經驗中，玫瑰總是提供我們最需要的東西。對某些人來說，這可能是一種舒緩、溫柔的擁抱與擴展心靈的療癒；而對其他人來說，可能是當我們最想關閉、冰封自己時，強烈推動我們的那股勇氣。對某些人來說，可能是安靜沉入黑暗的虛空；而對另一些人來說，可能是重新連結自己的根以及土壤的紮實感。對某些

人來說，可能是尋找一種方法，來放下我們試圖吸引他人的東西，以獲得重新開始的機會；而對其他人來說，則可能迎來意想不到的二度綻放。

我們生活在一個分裂與兩極分化空前高漲的時代。這世間存在太多的分離與斷裂；有時，感覺好像沒有我們都能夠達成共識的事物。玫瑰向我們示範如何在悲傷中軟化，並了解軟化是安全的；她向我們示範如何在悲傷中變得堅強，如何在經歷分離時保持敞開，如何信任我們生命的季節，如何深入發掘我們的根，以及無論在誰身邊都能敞開心房。的確，我們現在比以往任何時候，都更需要玫瑰這種古老的心之醫藥。

古老的玫瑰智慧

玫瑰比我們要古老得多。她見證了文明的來去，她比我們更了解如何在地球上和諧生活。她柔軟而美麗、堅強而剛韌，她信任自己的時機，總能找到勇氣發芽、綻放、結果，並將她的花瓣交給風，藉此獲得重生的機會，同時還能全然而活。願我們敞開心房聆聽她的智慧，聆聽其古老的歌聲。

在她體內，玫瑰擁有深刻的教義，也嵌著精妙的程式。我相信，如果我們放慢腳步與她連結並傾聽她的聲音，就有可能聽到隱藏在時間中失落的祕密。

我已經看到，當我們開始與玫瑰（以及其他植物）合作時，也能釋放於我們內在某些古老的事物。有時，當我們開始憶起並更全然回歸地球時，我們內在的密碼及祖先就會獲得釋放。我們與植物、花朵、石頭和樹木，重新建立了連結。我們還會跟那些未與自然分離的祖先重新建立連結。一次又一次，我們不斷獲邀以不同於往昔的方式，在這裡種植自己。

我們生活在一個介於神話與故事的時代，雖然有時感覺一切都在分崩離析，但我們擁有重新編織的機會。

而我相信，玫瑰可以協助我們重新編織。透過與她合作，並進行我們自己必要的療癒及整合工作，我們就有機會共同為人類編織一個嶄新的未來。

△

神諭

使用《玫瑰神諭》

△

關於《玫瑰神諭》

　　歷代的神祕主義者、治療師、樂草師、藝術家、聖人、詩人與遠見者，都被令人驚嘆的玫瑰所震懾。由羅馬的春天和鮮花女神芙蘿拉命名，她是百花中的女王，她因其藥用與情緒療癒的品質，而受到數千年來的尊崇。

　　玫瑰是美麗、愛及神祕的象徵，當我們追隨她的絲線穿越神話、傳說、文本與藝術時，會看到她與女神及（人類的和神聖的）愛在整個歷史中，是如何交織在一起。玫瑰也一向是古代神聖陰性奧祕的象徵，這些奧祕一直隱藏在顯而易見處，並開始準備崛起。

　　在這副神諭卡中，你會發現我有時將玫瑰稱為玫瑰母親。當我與玫瑰調頻時，我會這樣稱呼與我連結的這股能量。

如果玫瑰母親這個名字無法引起你的共鳴，請用一個能觸動你的名字來取代。雖然我確實發現每一朵玫瑰都是獨一無二的，但這是我個人會使用的名字。

我將玫瑰視為人類的神聖盟友。她所帶來的醫藥就像是女神本人。我相信與玫瑰合作，能夠幫助療癒我們的心靈，信任我們自己的真實本性，並更深入地與地球連結。我將她視為我們的靈魂更加存於我們的身體與地球上的門戶。她會永遠引領我們重新編織地球、天堂和人類之間一度斷聯的絲線。

玫瑰能夠幫助我們療癒心靈的問題，在我們最想封閉時幫助敞開自己，並深深地擁抱我們。就我的親身經歷，其他的植物都沒有這種特質。

在創造這副神諭卡時，我的目的是為你提供一個空間，讓你與玫瑰的療癒能量、神祕的智慧與令人驚嘆的美麗連結，以及受到它的護持，作為通往自然和你自身的靈魂智慧、療癒與低語的門戶。就像大自然一樣，我相信玫瑰可供我們所有人使用。你不需要特殊工具——只需在花園或附近公園的玫

瑰花旁稍作停留即可。如果你在附近找不到玫瑰，也可以透過照片或藝術作品與玫瑰進行連結。

　　一如往常，我的意圖只是將你與內在的這種智能聯繫起來，從你的靈魂到你的細胞，這樣你就可以與它建立更深層的關係。我相信你內在的智慧，與告訴花朵何時綻放、季節何時來去及地球如何運轉的智慧是一樣的。正是這種智慧，告訴玫瑰何時突破花苞的束縛，將花瓣釋放到大地，讓人們知道玫瑰果的存在。

　　凱蒂－露易絲和我一直努力使它成為所有人的神諭，我們希望你在這些頁面和牌卡中感到賓至如歸。我們非常尊重所有的靈修道路，以及你的任何選擇。這個神諭是根據我們自身的經驗所創造，因此，如果我們使用的詞彙、語句或符號與你不對頻，請感受它背後的奉獻能量，並用你自己慣用的替代即可。

　　《玫瑰神諭》無意成為與所有玫瑰有關之事物的權威神諭──對單一副神諭卡來說，這是不可能做到的。相反地，我借鑒自己的深入研究、我持續

進行的個人療癒、與玫瑰合作的創作旅程，以及神聖的植物醫藥研究。我覺得我對這朵神聖之花的學習，將會持續到我生命的最後一天。

我出生於澳洲，擁有凱爾特（蘇格蘭和愛爾蘭人）與北歐血統，目前住在格拉斯頓伯里（也被稱為神祕的阿瓦隆島，以及凱爾特頓諾尼亞人的居住地）。在那裡，我與祖先的土地有著深厚的連結；在英國生活時，我發現了我與玫瑰和其他植物之間的連結。

與《玫瑰神諭》連結

《玫瑰神諭》是我親身體驗的產物；然而，我也加入了關於玫瑰的神祕、療癒及植物學根源的訊息，而這些根源可以追溯到古代。我承認，雖然我一直透過個人與結構化的方式在研究這種植物，但我並非植物學家或藥草學家——我是一個神祕主義者、地球訊息的管道、作家、詩人、儀式專家，以及與花卉和植物一同工作的創意人士。自從第一次聽到她的聲音以來，我就一直非常積極與玫瑰合作。

由於玫瑰是一種療癒與神祕的花朵，在許多古老文化中都受到崇敬及使用，我相信透過與玫瑰（尤其是野花）重新建立連結，就有可能與我們自己祖先和作為我們母親之地球的原民根源重新建立連結。通常，當我們進行這項工作時，我們不僅會得到祖先的指導與智慧，而且會開始感覺受到他們的牽引。與玫瑰合作的體驗是精妙且強大的。她提供我們最需要的醫藥，這正是現代的我們最需要的。

《玫瑰神論》的概念、文本和插圖，是透過深入的共同創作所編織而成。我建議你花一點時間來連結牌卡──每張牌卡都蘊含一個傳導──並詳閱加深你與神論和玫瑰之藥之間關係的指南。

我相信古老的玫瑰，是通往存在於你的細胞和靈魂中之智慧的門戶。我個人期許，這些牌卡會以某種方式傳遞並活化這種（再）連結，並支持你憶起一直播種在你體內的神聖智慧。願牌卡在你所在之處與你相遇，並陪伴你安然度過任何季節。

△

獻給玫瑰母親的禱文

願我們鼓起勇氣，走在玫瑰不斷綻放的道路上。

願我們一路追根溯源，才能永續綻放。

願我們敞開心房，正面以及背面。

願我們軟化自己的身體與思想。

願我們痊癒，願我們痊癒，願我們痊癒。

願我們回歸自己、地球和彼此。

願我們憶起在其中播種的未來玫瑰園。

願我們全然澈底，重新投入她的懷抱。

當時機成熟，我們會知道是何時，

願我們允許自己的花瓣隨風飄揚，

來獲得機會重來一遍。

△

《玫瑰神諭》調頻儀式

感謝你回應玫瑰的召喚。在你的神諭卡中，你會發現額外的第 45 張牌。這一張是玫瑰神諭祭壇卡。

當你使用一副新的神諭卡時，我建議你進行儀式來與它建立更深入的連結。有很多方法可以做到這一點，請相信你受到引導的方式。如果你願意，你可以在每次使用神諭卡時拿出玫瑰神諭祭壇卡，來連結這副神諭卡與玫瑰。

如果想更深入連結你的神諭卡與玫瑰母親，我有特別錄製《玫瑰神諭》調頻的儀式版本，歡迎你利用 www.theroseoracle.com 播放，無須任何費用。

△

《玫瑰神諭》調頻文

玫瑰母親，早在我們誕生前妳便已存在，
在我們離開後仍駐守在側。
請祝福這副神諭卡與所有使用它的人。
願它成為所有人回歸自己、地球以及彼此的門戶。

願我們與靈魂之聲的連結，
隨著每次使用而更加緊密。

願所有觸碰它的人都備感疼惜、被擁抱、被愛、
變得柔軟與獲得珍視。
願它傳遞符合所有眾生最高利益的洞見、
理解、慈悲及指引，

從過去、現在，直到未來。

當我為其他人留出空間時，
請幫助我讓開路來，
並邀請其他人連結他們內心深處的智慧。

引導我與所有使用它的人以慈悲、
理解和優雅之心，
來擁抱我們不斷變化的真實本性與生活中的季節。

請向我們展現比以往任何時候，
都更深植於此地的方法。

謝謝妳，謝謝妳，謝謝妳。

△

解讀牌卡

神諭（oracle）這個詞來自拉丁語 orare，意思是祈禱或與神交流。我相信神性、神／女神，存在於我們所有人和整個自然之中。與我的所有作品一樣，《玫瑰神諭》旨在作為連結你與內在智慧的門戶。

創作這些牌卡，是為了幫助你與自己的靈魂進行直接的對話，並使用玫瑰作為門戶。如果你正在為其他人解讀，請解釋這一點，並引導他們將牌卡視為與自己的靈魂和真實本性連結的工具。我認為神諭卡是與內在智慧連結的一種方式。我認為當我們將其視為自身內在知曉的明鏡，它們的作用最為強大，而不僅是預測未來的工具；而且我相信使用神諭卡，能夠成為一種靈性修持的形式。

在這裡，這些牌卡提供結構與神聖的空間，用來探索你（或你正在解讀的人）靈魂的召喚。我們

生活在一個自由意志的世界中，除了我們之外，沒有人有權控制我們的靈魂。鼓勵他人信任自己的內在權威，是解讀者重要的道德責任。

　　無論你是替自己還是替他人解讀，關鍵在於要先放下你的人格與意志。我的意思是，你需要成為服務和奉獻的清晰管道──並且不拘泥於結果──而非提供自己的意見、判斷或對自己有利的立場。與任何治療工作相同，我們在過程中愈保有意識，我們的解讀就愈清晰，對自己和他人都是如此。身為解讀者，我們的工作是授予他人與自己的靈魂建立直接的關係，而非仰賴我們的引導。

如何解讀牌卡

　　我鼓勵你，以讓你感覺自在的方式來使用這些牌卡。我承認，許多人都有一套自己的方法，而更多人則不熟悉使用神諭卡。你會從下方找到說明如何使用《玫瑰神諭》的範例，但記得始終允許自己從內在獲得引導。

第一步

打開靈魂空間，以玫瑰為門戶

在開始解讀之前，從你的線性思維轉移到靈魂的空間是很重要的一步。當我們踏入靈魂的空間時，我們是在與生命的智慧交流，一切是互相關聯的。玫瑰是一個門戶，透過它我們可以做到這件事。

在你的心中，想像一朵美麗的玫瑰。做個深呼吸，想像玫瑰一瓣一瓣打開，中間透出一絲光亮。這是你的靈魂，你古老的自我，無時無刻，每一天都能夠引導你。這是你與生命和自然本身的智慧相連的部分。大聲或低聲說出以下調頻文：

> 玫瑰母親，請祝福這些牌卡並透過它們說話。
> 請告訴我／我們，
> 什麼有益於我／我們／〈插入名字〉的
> 憶起與知曉。
> 謝謝妳，謝謝妳，謝謝妳。

第二步

洗牌與連結

洗牌。感受你的問題／祈求，或是你希望獲得指引的領域。我喜歡將問題／祈求放在我心臟的中央，觀想它從我周圍散發出來，將我與萬物中的智能脈動連結起來。

第三步

分牌與攤牌

將牌卡分成三堆，然後以任意順序將它們重新聚集成一堆。把牌卡攤在你面前。你現在可以抽選牌卡了。

第四步

抽選你的牌卡

讓牌卡吸引你，然後為你所選擇的牌陣，抽選適當數量的牌卡（你會在第 63 至 68 頁的《玫瑰神諭》牌陣介紹，找到適合解讀問題的牌陣）。將你

抽選的牌卡正面朝下，放在你選定的牌陣中。將剩餘的牌卡放在一邊，然後翻開你所抽出的牌卡。

第五步
允許牌卡對你說話

根據你選擇的牌陣開始解讀（在第 63 至 68 頁的《玫瑰神諭》牌陣介紹中，你會找到解讀的方向）。在第 70 至 171 頁的牌卡訊息與解釋的部分，查詢每張牌卡的涵義。

透過落實的行動整合你的指引

如果你熟悉我的工作，你會知道我堅信將我們的低語與指引轉化為落實行動的重要性。在每張牌卡解釋結束時，你會找到幫助你執行此操作的提示。

- 靈魂的詢問® 這些提示能夠讓你靈魂的低語被聽見、表達與知曉。大聲說出它們、冥想它們，或以直覺記錄它們。

- 玫瑰的傳導 這些提示會點燃玫瑰的療癒能量與智慧密碼。沒有比你自己的聲音更強大的音流了；做法是針對每一個玫瑰的傳導，把牌卡放在你的心上，大聲或低聲念出詞句。我建議每次的傳導可重複念誦三次。

△

將 V 形牌盒當作攜帶式祭壇

二十年來，祭壇工作一直是我個人實踐的核心。《玫瑰神諭》的 V 形牌盒，不僅是用來存放你的牌卡而已。

裝有牌卡套組的牌盒倒三角形底座，能夠當作祭壇藝術品。與玫瑰一樣，三角形是一個古老的神祕符號，具有多種涵義，其中之一就是天地之間的聯繫。等邊三角形的深層意義是，無論外部施加多少壓力，它都會變得愈來愈強大（煉金術），因為它是從內在深處來汲取力量的。願我們都能找到自己的方式來做到這一點。

《玫瑰神諭》的牌盒，旨在用於解讀牌卡期間的交互使用，並為你的祭壇增添美感。在下一個章節中，你將學習如何在不同的牌陣中來呈現牌卡。透過這種方式，無論你是替自己或是他人解讀，這都能夠充當一種強化你解讀體驗的科技。

　　我還建議使用牌盒來為你的一天或一週所抽的牌卡，來建立一個祭壇。

△

《玫瑰神諭》牌陣介紹

　　《玫瑰神諭》的創造，是為了以任何你覺得受到召喚的方式與之合作——始終相信你自己的靈魂，大過任何外部意見的權威，包括我的意見在內。如果有你自己喜歡用的牌陣，請信任它。

　　從下頁開始，放滿了我專門為《玫瑰神諭》所設計的各種牌陣。當然，你也可以將它們與其他種類的神諭卡一起搭配使用。

玫瑰母親

一張牌牌陣

這是一個抽單張卡的簡易牌陣，你可以將其視為日常練習的一部分。請想像一朵玫瑰在你心臟的中央，然後低聲祈禱：

> 玫瑰母親，請對我說話，
> 請告訴我今天我需要留意，
> 那些正在為我開展的一切。

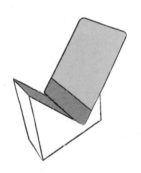

牌卡顯示：今日需留意的；正在開展的一切。

玫瑰園

兩張牌牌陣

　　這是一個有效率的解讀法，讓你對生活中的某個特定領域、你的關係或正在從事的計畫有一些看法。它讓你一瞥可能的結果，並讓你對此刻所處的位置有清楚的了解。

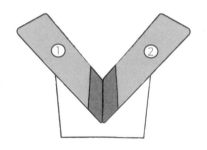

位置1：種子——你在哪裡。

位置2：未來的玫瑰園——最高的結果。

在玫瑰之下
四張牌牌陣

如果你遇到瓶頸，或是遇到不知該如何解決的問題，那麼這就是一個很好用的牌陣。

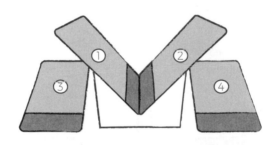

位置1：已經知道的。

位置2：隱藏起來的。

位置3：正在展開的。

位置4：需要採取的落實行動。

信任季節
四張牌牌陣

　　這個牌陣會支持你研究未來十二個月的可能
基調。你可以將其運用在整體的生活層面，或是
專注於你生活中的特定領域。

位置1：接下來的三個月。

位置2：接下來的六個月。

位置3：接下來的九個月。

位置4：接下來的十二個月。

玫瑰、花苞、莖刺、種子、根

五張牌牌陣

　　這個牌陣運用大自然的智慧來看待大局，以及發現沿途中實用、有益的事物。如果你有較多時間，想要深入了解並採取落實的行動，這會是很適合你的選擇！

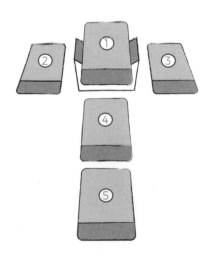

位置 1：玫瑰——正在綻放的事物。未來可能的
　　　　結果。
位置 2：花苞——充滿希望的事物。當前的時刻。
位置 3：莖刺——需要克服的事物。挑戰。
位置 4：種子——需要滋養的事物。
位置 5：根——落實的行動。

△

牌卡

訊息與涵義

△

在雨之後
AFTER THE RAIN

一線希望。寬慰。希望。憐憫。
都結束了。接受。

在雨停後的那一刻，某些特別與神聖的事物
出現了。大氣層釋放了它所容納的一切，反過來，
地球也得到了淨化、補充及滋養。這與我們停止哭
泣後的感覺類似。當那些療癒的鹹水滴落下來的時
候，它們會激發催產素和內啡肽，從而改變我們的

感受。曾經無法招架的，現在似乎成為可能。雖然我們可能沒有意識到這一點，然而明顯的成長很快會隨之出現。

在雨之後和希望、療癒、開始與結束有關。情緒得到了安撫。破碎的心正在癒合。考驗期結束了。你可以感受到慈悲。片刻的解脫出現了。你現在能夠在遠處看到嶄新、令人鼓舞的一線希望。挑戰與困難的事已經或即將獲得緩解。

如果你經歷了一段充滿挑戰的時期，這張牌要你放心，事情即將緩和下來。你已經度過了最糟糕的階段，而現在，希望就在這裡。在過去數週、數月甚至好些年的時間裡，情況並非一帆風順。它們可能要求你深入挖掘，忍受考驗你的艱辛，然而現在，前方是一片平靜的大海。你所學到的事物與你的成長方式，永遠不會被剝奪。現在是時候享受生活為你準備的溫暖祝福了。光輝耀眼的新開始現在成為可能。

靈魂的詢問

你準備好要放下什麼？

△

受膏者
THE ANOINTED

回應召喚。領導力。
賦權。靈魂天賦。

多年來，啟蒙的入門者都是用玫瑰油來受膏。皇室成員也是如此。這張牌在此預告，你將更為有力地表達你來到這裡的目的與要做的事。它在呼喚你走進內心的皇室（queendom）與王國（kingdom）。回應你靈魂最偉大的召喚，面朝你

人生真正的方向。種下更多你來這裡要分享的事物。承認你的到來是你生命的開始。擺脫一直阻止你成為你本具之一切的外在雜音。要意識到你已經為此訓練了很長的時間，甚至可能是一生。

你的靈魂選擇走的路，是一條很少有人敢去走的路。而你就是為此而來的。你受到引導要穿越這條路。你擁有古老的靈魂，隨著你在每個身體裡所邁出的每一步，你已經收集了有如萬花筒般的天賦，能夠彰顯與分享出來。

你受到召喚去深信你一直聽見的召喚。去領導，領導，領導。你在這裡鋪設的道路，還沒有人以你的方式走過。而且，與所有古代開悟者、治療者、遠見者、創造者和領導者一樣，你只是生命織錦中的一條壯麗的絲線。所以，走自己的路，信任召喚你前進的道路，並始終從內在獲得引導。

靈魂的詢問

你是如何受到召喚去挺身領導的？

△

綻放
THE BLOOM

創作實現了。正確的時刻。
收成。慶祝。

這張牌是關於收成你所投入創造的事物。夢想
顯化成形了。這張牌確認了你目前正處於成長週期
的綻放階段,或是你即將進入這個階段。

綻放是我們狀態最充實的時候。陽光明媚、
萬物富饒,我們正處於最為廣闊的境界。我們夢想

的根基已經實現。我們正在綻放。我們已經抵達了我們所渴望的地方。我們可能會吸引這個世界的目光。生活往往是冒險刺激、充滿活力、積極與美好的。

這張牌攜帶著擁抱和享受這一刻的訊息。慶祝你所創造的事物。享受你所得到的。陶醉其中。沉浸在美麗之中。在花蜜中啜飲。讓目前身在體內的甜美氣味滋養你。享受你的收穫。停下來嗅聞你生命中的玫瑰。生命是週期性的，花朵不會永遠綻放。你一生中投入的工作，把你帶到了這裡。

不要把綻放視為理所當然。享受它，它就在這裡。不過，也不要停留太久。允許它成為自己最充實完整的樣子。當需要將花瓣歸還地球的時候——你會知道是什麼時候——請你也這麼做吧！

玫瑰的傳導

我讓綻放發生。我克制想要退縮的衝動。
我慶祝我所創造的一切，享受我完全綻放的時刻。

呼吸的玫瑰
（心的療癒・情緒・連結・時間會沖淡一切）

△

呼吸的玫瑰
THE BREATHING ROSE

心的療癒。情緒。連結。
時間會沖淡一切。

　　通常，療癒是一個緩慢而穩定的過程。它很複雜，並非線性。要花多長時間，就得花多長時間。大多數時候，這比我們希望的要漫長得多。然而，就像自然界所有的事物一樣，它有一種神祕的智慧。如果我們信任它，讓生機勃勃的花瓣落在大

地，剪掉不再需要的部分，保護新芽與花苞不被撬開，我們可能會發現自己將再次綻放。果實會隨之而來。你無法自行製造那個狀態。我們必須信任這個過程中的偉大奧祕。

花苞以某種方式，設法透過向生命敞開來突破限制。整個自然界都蘊藏這種智慧。當我們正在經歷一段康復的時期——這是成長、轉化、改變的另一個說法——此刻的挑戰是，當我們最想隔離與關閉自我時：不要將自己與世界隔離開來。以某種方式發掘勇氣，透過痛苦、困境與傷害來敞開心房。當我們感到足夠安全時，讓生活軟化我們，而非硬化我們，並藉此深化及撫育我們。

這是一張深度內心療癒的牌。它往往出現在我們的情緒療癒正在發生的時候。修復工作正在進行中。用慈悲、理解與溫柔，來對待自己和你的療癒。這是一張深深鼓勵你做這件事的牌。時間很快就會沖淡一切。

靈魂的詢問

你要如何以溫柔的慈悲與柔軟來對待自己？
你如何信任自己療癒的時機？

▲

玫瑰兄弟
BROTHERS OF THE ROSE

神聖陽性。
榮耀。保護。支持。

這是一張神聖陽性的牌。和陰性一樣,神聖陽性存在於我們每個人的體內,我們都受到召喚來平衡我們體內的這兩股能量。太陽與月亮。陽與陰。也許這就是誕生一個新世界的意義。

神聖、成熟的陽性氣質,正是我們這個世界所

需要的。這是我們生活在對陰性的深切尊重與崇敬中的一部分。它承認包括地球在內存於所有生命形態中的女神，並致力於保護以及活在對陰性的奉獻中。神聖陽性知道，用力及壓制、忍耐與征服並無幫助。神聖的陽性氣質剛柔並濟，保護但不防衛。

作為一個信號，這張牌表示你正受到召喚，要處理你內心正在成熟與升起的神聖陽性能量。你可能受到召喚，要為父系的祖先進行療癒工作。這也可能表示你需要喚起或承認你周遭人士身上神聖的陽性氣質。或者，它也代表你生活中所出現的神聖陽性氣質。

神聖的陽性氣質存在於我們所有人之中。它們包圍著你，讓你能夠進行你的神聖工作——於是，你就能夠成為地球上女神回歸的一部分。玫瑰兄弟會將玫瑰當作象徵，自豪地別在心口上。

靈魂的詢問
你如何受到召喚與神聖陽性合作？

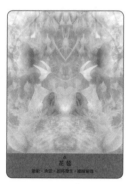

△

花苞
THE BUD

潛能。承諾。
即將發生。繼續前進。

花苞是玫瑰莖上腫脹的胚胎,有可能發育成
花、葉或枝條。在溫帶氣候中,植物會形成能抵抗
嚴寒的休眠苞。

花苞代表對未來的承諾。這是我們一直深藏在
大地的種子的實體表現,透過冬天肥沃的虛空,在

其中孕育與夢想。現在，我們發現自己處於春天的內在季節，花苞開始呈現出它注定要成為的樣子。但它仍然需要照料，才能在不久的將來綻放開花。

這是一張鼓勵、潛力、興奮與希望的牌。它邀請你繼續面朝你人生真正的方向，並為你受到召喚去創造的東西現身。你的努力並沒有受到忽視。請繼續前進——在不久的將來，你會在世界上看到這個美麗的創造。

花苞與春天有關，是生命向上能量迸發的時刻。你可能會看到事情聚合到位的第一個跡象。如果你一直在從事某個計畫，或致力於為你的生活帶來一些改變，那麼你受到鼓勵繼續前進，並相信你一直在努力的事情正在發生。繼續照料你的花園，不久之後，花苞就會開始綻放。

靈魂的詢問

在你之內，有哪些新花苞正準備要綻放？

△

內在的小孩
THE CHILD WITHIN

內在的母親。
純真。溫柔。仁慈。

我們對自己是如此的苛刻，期望按照時間表療癒，還會在犯錯時打擊自己。玫瑰希望我們釋放身體乘載的一切僵硬，以及細胞中的所有傷害。去找到軟化的方法吧！請記得，無論已經發生、正在發生或即將發生的事是什麼，我們都是星星和地球的

純真小孩。花朵是為了我們存在的。它們是一個值得你銘記在心的安全、柔軟的地方。它們希望你滋養內在的小孩。

這是一張溫柔的安慰與慈悲的牌。它帶來溫柔的理解與仁慈的訊息。它提醒你要像對待天真的孩子般地對待自己，帶著你內在的小孩，讓他們深深歇息在你內心柔軟的花瓣中。

我們的內在都有一個小孩，他在某個時刻，因出於受傷或感覺世界不安全而放逐自我。無論我們長了多大，當身為成年人的我們受到傷害或觸發時，會退回這個年齡階段，並受到原來的情緒淹沒是很正常的事。雖然我們無法改變過去，但我們所能做的就是抱起內在的小孩，安放在自己內心玫瑰的柔軟花瓣中。

靈魂的詢問
你要如何溫柔地呵護內在的小孩？

△

種子的密碼
CODES OF THE SEEDS

藍圖在你之內。
邁出下一步。

種子來的時候，就知道該做什麼；在它們裡面，擁有整座森林與玫瑰園的潛力。種子的內部有一個與宇宙智能相連的智慧時機。我們全是種子；未來的森林與花園正等待著誕生。我們每一個人都持有新人類的密碼。變化是我們的自然狀態。

種子必須先埋在黑暗中，才能開花結果。如果不擁抱冬季土壤肥沃的虛空，種子甚至無法綻放。不擺脫花苞的束縛，它們無法綻放。如果不向大地釋放自己的美麗，不放下那些使別人著迷的事物，它們就無法結出果實。

這張牌要傳達的訊息是，在你的內心，你擁有創造你注定要創造的一切所需要的東西，可以穿越生活中的一切，能夠在任何地形中導航。藍圖一直都深植在你心裡。信任你的內心擁有最輝煌的玫瑰園的密碼，等待著發芽與綻放。請信任這些密碼。記住那張藍圖。

你現在需要做的就是邁出下一步。明天，再邁出一步。如果你每天持續小步前進，那麼在離今天不遠的某一天，當你回過頭來，就會看到你周遭出現一個令人嘆為觀止的玫瑰園。接著，果實便隨之而來。今天，只需邁出下一步即可。你知道該做什麼。藍圖已經在你的內部進行編碼。

靈魂的詢問

你的靈魂在召喚你做什麼？
你可以邁出的第一步是什麼？

△

到我這裡來
COME TO ME

像玫瑰一樣吸引。
接受。豐盛。欲望。

　　你有沒有注意到，當玫瑰在夏天盛開，空氣中瀰漫它們的香味時，蜜蜂與其他傳粉者會突然出現？當一種植物的花粉與另一種植物的花粉混合，或從一朵花的柱頭轉移到另一朵花的柱頭時，就會發生授粉的現象。

玫瑰不會到處亂跑，伸手抓取；相反地，它們倚靠蜜蜂來尋找他們。玫瑰從來不會伸手去抓蜜蜂。它從不會攫取或過度伸展。它全然擁抱自己的本質，允許生命朝它走來。它完全接受生命。它不會去看路過的人是誰來決定打開或閉合；無論如何，它都會打開與綻放。

這張牌代表用「玫瑰的風格」來接受豐盛。這是一個邀請，允許你接受生活的甜蜜，擁抱你的偉大，也允許敞開自己，接受你深切渴求的事物。要清楚你想要什麼。相信所有為你準備的事物，都會來到你身邊。大聲說出你的願望，讓大家知道你的渴求。去要求你所渴望的東西。

不要伸手抓取；無須用力、控制或操縱──這會使你精疲力盡、乾枯與脆弱。這張牌所傳遞的訊息，是真正、永續的豐盛即將到來。連結你感官的真實本性。對你所渴望的事物，不要感到羞恥。當它到來時，享受每一分鐘吧！

（下頁繼續）

靈魂的詢問

你渴望什麼？
你準備好敞開自己去接受什麼？
你如何才能像花朵一樣去吸引？

△

加冕
THE CROWNING

啟蒙。門檻。出生。重生。
一席之地。

總有一天，花朵會知道它不能再留在花苞的保護約束中。不知何故，它需要相信誕生的能量，並臣服於綻放的未知。相同的誕生能量也存在於整個自然界與生產中，無論在實際或是隱喻的層面。

這是對母親與孩子的啟蒙，他們將從子宮的水

世界，過渡到地球上這個全新的世界。

這是一張跨越門檻、走進啟蒙之門的牌，這需要極大的勇氣與信心。過程伴隨著滾動收縮，而且幾乎無法一次完成。當我們從一件事過渡到另一件事時，我們受到召喚突破種子的限制，然後突破花苞的確定性，如此新的事物才能夠從內部綻放開來。

我們總是在內心深處孕育某些事物，而我們知道臣服於啟蒙的唯一方法，就是臣服你與生俱來的內在力量。這種力量存於內在，但它也與存於所有生命中的智慧相連。這種能量告訴花朵何時綻放，當你在母親的子宮裡生長時，它就已經存在了。請相信這一點。它會帶領你穿越關卡。臣服於想要透過你出生的東西。生命總是試圖啟動我們，使我們愈來愈接近自己真正的樣子。

靈魂的詢問

生命如何試圖啟動你？

△

肥沃的虛空
THE FERTILE VOID

內在的冬天。休息。耐心。
效力。祕密的開始。

　　這是一張非常吉利的牌卡。它蘊含著新開始
與結束後的強大金色種子。我們受到召喚要保持耐
心，進入深度休息、修復、再生與接受的狀態。讓
我們生命的一部分，甚至是曾經的我們象徵性地死
去，以便播種、發芽、成為花苞與再次綻放。

放手、悲傷或哀悼經常涉入其中。自我的死亡，或曾一度存在的逝去了。曾經重要的已然終結。包含關係、工作、身分、存在方式。肥沃的虛空要求我們尊重結束、重新開始。這是成長的關鍵部分，沒有它就不可能出現新事物。

在這張牌中，你會看到在黑暗肥沃的土壤中孕育的金色種子。我們很容易將這一個成長階段，誤認為什麼都沒有發生的階段。然而，在冬季土壤的表層之下，事物從未如此活躍。

冬天是開始、更新與重生的階段。當我們進入一段內心的冬天時，我們也會經歷這種情況。我們藉由停頓、讓自己恢復與休息，來象徵性地「進入地下」。我們或許沒有意識到，但這是我們成長中最重要的部分。你需要信心與臣服才能做到這一點。

信任土壤的紮實。你無須完全掌控每一步，就能夠編織出新的事物。

信任土壤的紮實。被這偉大的奧祕擁抱吧！這是一段非常溫柔且力量強大的時期。

靈魂的詢問

你如何臣服於偉大的奧祕？

△

祖母們
THE GRANDMOTHERS

記得你的根源。觀點。
信任編織。

　　玫瑰早在你我之前，早在人類本身之前就已經存在。她在心中保存著對昔日文明的記憶，可追溯到數百萬年的根源，並持有創造的密碼。它們隨身攜帶著地球古老祖母的歌曲。你能聽見她們的歌聲嗎？

當這張牌出現在牌陣中，它邀請你一路回溯，以便放眼向前；深入你的根源，進而展翅高飛。遠古的祖母們呼求你憶起祖先的智慧，這些智慧遠在殖民主義分割一切神聖事物之前，在帝國與整個文明的興衰之前，一直追溯到人類的起源。

她們呼喚你在這個療癒的時期，發揮你在其中扮演的角色。去療癒及整合你在祖先血脈中所繼承的事物。這不單只是個人的事；這是個變化與療癒的時代，而這正是我們來到這裡的原因。重新連結，並一路回溯至原始母親（Original Mother），意識到我們也會成為尚未來到這裡的人的祖先。請腳踏實地，扎根於你的生活，無論面對多麼坎坷艱難的事，你永遠都會知道你在「家」。

玫瑰的傳導

我一路回溯自身的根源，藉此持續向前。
沒有遺忘的祖先啊，我祈求你們的神
聖力量與支持，現在就與我同在。
我承認所有的困境與即將療癒的事物。
我這麼做，是為了所有尚未來到這裡的人。

△

偉大的母親
THE GREAT MOTHER

臣服於奧祕。落入她的懷中。

當你第一次呼吸時，偉大的母親將你帶了進來，當你最後一次呼吸時，她也會在你身旁守候。她知道地球上的生活充滿了許多挑戰。身而為人，有時會感到痛苦、孤獨與困惑。一旦你的靈魂憶起了源頭的一體性，極性與分離可能會令你難以忍受。但與此同時，它也是令人難以置信的輝煌與甜

蜜。

我們經常認為事情要不是好，不然就是壞：當事情進展一帆風順時，我們會認為一切都很好；當事情進展不如預期時，就是我們做錯了什麼或是有需要解決的問題。我們忘記了地球上的生活不是這樣運作的。極性是地球體驗的核心。正是在兩極的極端中，我們成長最為迅速。我們不用刻意避開夜晚、陰影與冬天。

此生不過是你作為不滅的靈魂前來體驗的一次呼吸。把你的憂慮、傷害、悲傷、恐懼及懷疑，交給偉大的母親吧！把它們放在她的祭壇上。回歸土壤的紮實。完全落入她的懷中。臣服於貫穿編織這一切的奧祕吧！

請記得，雖然這些極端很困難，但它們也可能很壯觀。無拘無束的快樂，比我們想像的還接近悲傷。或許，當你生活的鐘擺擺動得愈劇烈，你就愈能說：「我真的活過。」

（下頁繼續）

玫瑰的傳導

我已準備好擁抱生活的極端。
我把隨身攜帶的一切放在祭壇上，
落入偉大母親的懷中。

△

療癒正在發生
HEALING IS HAPPENING

你沒有破碎。信任這個過程。
軟化是安全的。

　　你沒有破碎；你是生命不斷變化的一部分。不停改變、持續地變、一直在變。變化是你的自然狀態。玫瑰知道，你並非生來就永遠保持不變：成為一個單一的形狀、大小或方式。你不正常，而這很正常。你會變得愈來愈像你真正的自己。

每一天、每一刻，療癒都在發生。你每天無時無刻都在回歸你真實的樣貌。召喚你的支持團隊，他們能在這個過程中接住你。他們相信你自然狀態中存在的恩典。真正的治療師知道，實際在進行治療的並不是自己。相反地，他們持有回歸完整的遠景；他們知道所謂的完整，並非一種停滯的狀態。

當你擁抱生活的所有部分：從狂喜到痛苦、歡樂到悲傷、盛開到掉落，從花苞到玫瑰果，你會意識到療癒總是在發生，生命站在你這邊。對於這種人類體驗的極性，沒有任何人能夠倖免：唯一的辦法，就是擁抱它的所有部分。光明與暗影。正如每個治療師或啟蒙者所知悉的，通往光明的唯一途徑，就是擁抱內在的陰影。陰影有時代表痛苦，但同時也是解放你的門戶。

你沒有破碎。你在癒合當中；療癒正在發生；信任生命的時機吧！

玫瑰的傳導

療癒正在發生。
療癒正在發生。
療癒正在發生。

△

療癒母系血脈
HEALING THE MOTHER LINE

療癒。祖先工作。母系血脈。成長。

我們生活在一個複雜的療癒時代，涉及到母系血脈尤其如此。從集體層面來看，我們正在面臨殖民主義與父權體制遺留給我們的代際創傷（intergenerational trauma）。意外的是，有許多身為母親的人，都沒有好好撫育過自己。現在就是修補這個連結的時候。

我們的許多祖先都經歷過殘酷的迫害，以及與神聖陰性的分離。於是我們失去偉大母親堅定不移的擁抱，被灌輸要一心仰望天上的陽性上帝。很多人沒有被教導去看見所有事物中的神聖，以及陰性所代表的每一個階段，都是神聖、強大與聖潔的。這種生活方式已經持續了太久，而我們受到召喚，要代表我們（過去與現在）的祖先去療癒它。

療癒是可能的。這並不容易，也無法一次到位，但還是有可能做到。在你之前與之後的，都感受得到：你的祖先在過去與未來，都在和你一同歌唱。現在是時候釋放我們的母親，幫助她們沿路回到過去，讓她們獲得之前無法給出的一切。去尋找滋養你內在慈愛的母親的方法。用我們一直以來所渴望的那種深刻的尊重、崇敬、理解及慈悲來對待自己。你今天就可以為了自己，成為那樣的人。你能夠做到別人無法做到的事。當你這麼做，未來的祖先會祝福你找到釋放與深入療癒的勇氣。

玫瑰的傳導

我沿路觸及回到最初的母親，
我讓所有的母親還有我自己都得到了自由。

△

接住
HELD

土壤的紮實。無形的幫助。
支持。社群。

當時局動盪不安時，為了讓自己保持穩定，我
們需要某些支撐自己的事物。當周遭的一切搖搖欲
墜時，我們必須找到不會動搖的東西來倚靠。當變
革之風吹來時，使我們牢靠保持穩定。像是身邊接
住我們的社群。

當我們離家時，必須找到支撐我們的東西。當我們的愛人遠走時，必須找到支撐我們的東西。當我們的工作結束時，必須找到支撐我們的東西。當我們的父母離世時，必須找到支撐我們的東西。當我們發現已經沒有東西能夠支撐自己時，就是我們受邀去尋找新的支持基礎的時候。在此，我們發現了土壤的紮實；根對我們的支持。以及透過與我們的社群連結，來獲得額外的支持。我們並非生來就注定要在地球上獨自一個人成長。

有時候，生活會從我們身上奪走我們最執著的事物。或者，我們之所以執著，是因為我們感覺得到變化的週期即將到來。然而，在我們最為漫長、黑暗的夜晚中，我們會發現，正是在最空曠的空間裡，我們才能獲得最大的碰觸與擁抱。就在這裡，我們發現了過去從未知曉的支持。我們乍看是墓穴的東西，後來才發現原來是子宮。

你受到召喚，去信任偉大的母親已經接住了你。信任她土壤的紮實吧！信任正在展開發生的過程，你不會獨自經歷這一切的。

靈魂的詢問

你如何在生活中獲得更多支持？
現在是什麼接住了你？

△

聖杯
THE HOLY GRAIL

停止無止盡的追尋。內在的探索。

長久以來，一直有人試圖找尋聖杯這個神祕的遺物，關於它的故事早已流傳許久。有人認為它掌握著永生與神聖結合的關鍵。許多人畢生致力於發現及擁有它。它曾出現在亞瑟王的傳說中；透過聖杯，騎士加拉哈德（Galahad）如願看見上帝的顯聖。

在基督教神祕主義中，聖杯是最後晚餐中耶穌所使用的杯子。當他後來被釘上十字架時，亞利馬太的約瑟（Joseph of Arimathea）用它來接耶穌的寶血。它被帶到阿瓦隆島並埋在聖杯山（英國格拉斯頓伯里），使聖杯井的水變成了紅色。今日，從世界各地前來的朝聖者，都會飲用這些療癒之水。某些人認為聖杯傳說早於基督，並受到威爾斯與凱爾特神話的井與大釜的啟發。

聖杯代表終極的靈性追求。許多人將這種追求視為前往、征服或尋找一個實體地點，但也許聖杯實為一場向內探索的邀請。與你內在的恩典連結，藉此找到外在的恩典。你要明白，從這永恆之井啜飲泉水的這趟旅程，目的是在內心深處發現恩典，意識到它是我們的一部分，永遠無法被撲滅。

或許，這就是為什麼玫瑰是聖杯的象徵。她的花瓣呼喚我們旋入內在。因為在那裡，我們會找到所追尋之一切的花蜜，耐心等待我們回到它身邊。停止向外追尋，停止無止盡的尋找，將目光轉向內在吧！

（下頁繼續）

靈魂的詢問

你要如何深入內在，並更加關注真正重要的事？

△

玫瑰的後裔
LINEAGE OF THE ROSE

受女神推動。為此而來。
靈魂召喚。聚集。

　　這些時代，這些變化、分裂的時代：就在此刻，你的靈魂為此選擇來到此地。你是由女神與我們所有人的母親所領導的集體團隊的一員，要將玫瑰的絲線，重新編織回人類的織錦中。去創造讓所有人感到珍惜與安全的空間吧！從父權體制的破壞

性模式中，提供療癒與獲得療癒。成為女神回歸地球的一部分吧！

如果你一直在懷疑自己的道路，那麼你正受到召喚向內看，信任來自洞穴深處的低語和編織。神祕的玫瑰之道只有極少數的人走過，是要用心而非用頭腦去體會。不要想太多；相反地，去信任那些深深編織在其中的絲線。

這張牌包含了你對內心呼喚的確認，同時保證你並不孤單。我們所有人的母親，感謝你成為人類這些變化時代的一部分。她認可你在這趟回家的旅途中，已經盡最大的努力支持自己與他人：對自己、對彼此、對這顆地球。她想讓你知道，她會指引你的每一步。與她一同說話、唱歌和跳舞。你是被引導，被引導，被引導的。

靈魂的詢問

你如何受到召喚，
去對人類與地球做出更深的承諾？

△

晨露
MORNING DEW

清晰。一個新開始。
樂觀的前景。

　　這是一個特殊的時刻：全新的一天到來，太陽
若隱若現，我們也有機會重新開始。帶著全新的開
始，晨露優雅現身來歡迎我們，當水分聚集在玫瑰
上時，它邀請我們去清楚看見，有時候會比前一天
所見的截然不同。一個嶄新的視角突然出現了。

來自地球各個角落的治療師，都相信晨露具有不可思議的治療效果。他們相信露水具有與植物本身相同的治療特性，它以清晰的效力捕捉植物的本質。諸如赤腳行走在晨露上、從花瓣中飲用水，以及將露水塗在身上等做法，都被認為會帶來強大的療癒轉變。

如果我們有幸以這種方式迎接早晨，我們也可能會受到這種特殊療癒液體的祝福，它攜帶著地球與整個宇宙的祕密精華：晨露。

這張牌帶來的訊息，是清晰即將到來。新開始與視角的改變是可能的。轉變即將到來。未來看起來煥然一新、充滿希望、積極與光明。請繼續專注在你理想的結果上，並信任晨露這強大效力的存在吧！

玫瑰的傳導

我樂於接受晨露的強大清晰與轉變。
我樂於以全新眼光來看待這個情況。

△

玫瑰母親

MOTHER ROSE

回歸彼此。
慈悲。人性。

作為陰性的神聖象徵，玫瑰存在的時間比我們
要漫長得多。在古代，人們把玫瑰花環放在母神雕
像的周圍，藉此供奉敬拜她。我們都是她的孩子。
她聯繫並團結我們所有人。如果我們追溯她的根源
夠遠的話，也許我們會找到回歸彼此身邊的道路。

我們活在一個分裂、學習與拋棄舊習（unlearning）的時代。我們正在一同修補人性的絲線。這是一張透過面對被破壞、分離與斷絕的事物，藉此回歸連結的牌。我們需要明白，我們全是人類的一份子，雖然傷害已經造成，但我們現在需要承認所發生的一切，並努力找到一種回歸彼此的方法。我們需要了解，兩個人的確可能同時擁有不同的體驗，而這兩者皆真實不虛。

玫瑰母親渴望人類放下防備，以深切的誠實與慈悲互相碰觸。在她恩典的幫助下，我們能夠面對與解開心中的悲慟、憤怒及傷害。深入探索我們的根源，直到我們找到彼此的共通點。

現在哪些關係對你來說很困難？誰傷害了你？你如何在不防備的情況下，軟化與表達你的真實？你如何讓自己接受兩種真理同時存在的可能性？

玫瑰的傳導

玫瑰母親，請告訴我們如何找到
回歸你、地球與彼此的路。
請幫助我承認對我來說很困難的事，
並讓我的心充滿對所有人的慈悲。

△

奧祕玫瑰

THE MYSTIC ROSE

慈悲。奉獻。謙遜。人性。恩典。

　　玫瑰是古代女神的象徵，因此，當基督教吸收了歐洲本土大部分的凱爾特傳統後，聖母瑪利亞會與玫瑰有關，也就不令人意外了。瑪利亞會這麼受人喜愛，或許是因為她是唯一能夠安全崇拜的母神，於是，她承接了所有嚮往以陰性形態崇拜女神之人的所有奉獻及渴望。

瑪利亞與玫瑰的連結，反映在某些品種的命名中，例如奧祕玫瑰（Rosa Mystica）與無刺玫瑰（Rose without Thorns）。正如在她之前的異教女神，紀念瑪利亞的遊行活動，就包含在玫瑰花瓣上行走。教會改變了昔日女神的故事（包括那些以玫瑰為特色的故事，比如阿芙羅黛蒂用她的血，將白玫瑰染成紅色），讓瑪利亞取代了女神的位置。教堂遍布在歐洲及其他地區，在許多情況下，它們就建立在凱爾特神廟與女神敬拜場所的遺址上。許多教堂會在西邊的位置（象徵陰性的方向）裝設美麗的玫瑰玻璃窗，來獻給玫瑰之母瑪利亞。

　　這是一張慈悲、奉獻與恩典的牌。它鼓勵我們對人類保持柔軟的心，嘗試以理解、開放與深深的謙卑來看待這個世界，甚至是那些傷害我們的人。要看到我們每個人都帶著傷痛，也曾都受過傷。我們全都經歷過分裂。當你想要關上心門時，聖母瑪利亞正在邀請你向人類敞開你的心。

靈魂的詢問

你如何受到召喚，在今天去表現你的慈悲心？

△

敞開
OPEN

說「是」。
透過極端來擴展。信任生命。

這可能是生活中最大的挑戰之一：在極端的情況下，仍保持敞開的心。對於人類經歷的高潮與低谷，沒有任何人能夠倖免。從狂喜到痛苦、喜悅到悲傷，從愛到失落。如果想真正體驗幸福，我們就無法繞過身而為人困難的部分。如果因悲傷禁閉你

的心，你就無法真正體驗喜悅為何物。

一季又一季，玫瑰不斷悉心教導我們這一點。她知道，如果她不臣服於每個季節，到了夏天她將無法開花。生產也教會了我們這一點。當母親感覺愈安全，她就愈能敞開來。

對生與死敞開心，是一件非常勇敢的行為，因為美好的生活充斥著損失與悲劇，也充滿了偉大的愛、勝利與冒險。當我們遭逢困難的時候，當我們最想分開的時候，往往是在連結而非分離中找到療癒的。當我們太過痛苦而想冰封心門時，我們往往會發現自己只會比過去更加孤立。玫瑰向我們示範如何向世界敞開，無論這一天即將發生什麼事。

這張牌在此鼓勵你對生命說「是」，在極端中擴展。把你的雙腳完整全然地伸進生命吧！

靈魂的詢問
你如何對生命說「是」？

△

在這裡種植自己
PLANT YOURSELF HERE

整合。體現。落實的行動。

邀請你的靈魂沿路走來：從膝蓋到鼻子，從臉頰到腳趾。全然體現你的生命。放下防禦的磚牆。讓你的靈魂登陸並占領你的每一個細胞。將你的所有部分，錨定在此時此地。即使死亡在這裡，但生命也一樣在這裡。沒有它，誕生就不可能出現。而你來到這裡，是為了重新誕下這個世界。你不記得

了嗎？全力以赴去過你的這一生。把你的雙腳與你古老的靈魂，完全澈底地投入吧！

這是致力於成為天地之間橋樑的一張牌。成為體現的神祕主義者。他們知道自己無須貶斥天堂或地球——相反地，他們是世界的編織者。在這裡的每一天，他們會愈來愈體現自己的靈魂。在這裡，他們將神聖編織回日常的生活中。

作為一個擁有人類體驗的靈魂，這張牌邀請你全然投入你的生命。邀請你的靈魂生出根來，使你能夠成長茁壯。同時間，致力於你的人性與你的擴展。

玫瑰邀請我們擁抱地球上生命的所有階段。從花苞到綻放，從剪枝到果實。她的美麗和香甜的氣味，是天堂的化身。這是你身在此地的一種甜美的獎勵。玫瑰提醒我們花時間好好享受甜蜜。因為在地球上，人間天堂真的存在。

靈魂的詢問
你如何對你的生活做出更多的承諾？

△
欣喜若狂
感官享受。愛。奉獻。浪漫。狂喜。歡愉。

△

欣喜若狂
RAPTURE

感官享受。愛。奉獻。
浪漫。狂喜。歡愉。

芙蘿拉是古羅馬的春天與花朵女神。在某一個神話中,丘比特的箭射中了芙蘿拉;她被愛的潮浪所淹沒,欣喜若狂以致喘不過氣,於是,她呼喚了愛神之名[3]。然而,「ros」的聲音從她的口中發了出來。因此,玫瑰便成為代表愛神的另一個詞彙,

122

也成為愛、美麗與激情的象徵。關於芙蘿拉命名玫瑰的另一個故事版本，可參閱第 32 頁。

許多父權體制的宗教在感官享受、性、歡愉、出神、狂喜與性慾上，加披了一件羞恥的外衣。理應是生活中最自然、最愉悅的其中一部分，竟成為有條件與被批判的事。玫瑰希望我們從中獲得療癒，並記得歡愉、感官享受、性偏好和慾望的表達，可能是身為地球上的人類最神聖、最神奇的事。

這張牌帶有關於接受和給予愛以及歡愉的訊息。芙蘿拉想讓你知道你的感官體驗、激情與性慾（無論你的認同為何）是神聖的。她希望你與自身感官的真實本性相連結。而你能夠在所有人之中慶祝這一點。

（下頁繼續）

───────

3　譯注：從這則故事可看出希臘與羅馬神話之間的界限已然模糊，產生借用與模仿的現象。因為愛神厄洛斯是希臘神話的神祇，對應文中故事的羅馬神話，就是丘比特本尊。

玫瑰的傳導

我的慾望是神聖且充滿神性的。
別人的慾望是神聖且充滿神性的。
我敞開心房，以一種對我來說
感覺安全和美好的方式表達與接受愛。
我釋放痛苦的內建程式與經歷，回歸於愛。

△

放開花瓣
RELEASE THE PETALS

蛻變。死亡與重生。
脫落。一切都變了。

　　已經到了一個我們無法回頭的地步。在看似稍縱即逝的一剎那，引領我們來到這裡的道路突然無法通行。知道事情永遠無法維持原狀，心頭難免一沉。死亡，出生，失去，成長，結束，發現。無論你怎麼努力，現況就是不一樣了。你現在不一樣

了。世界現在不一樣了。已經看到的東西再也無法視而不見。回不去了。有些新的事物正呼喚著你。

這是一張變革與蛻變的牌。重生需要勇氣。脫落指的是生物體在各個部分的脫落，例如植物掉落葉子、花朵、果實或種子。玫瑰果知道，鳳凰也知道，我們必須臣服，把曾經存在的東西交給大地，以便有一天能重新改造。

當變幻莫測的風吹起，我們能夠抓住過去的花瓣。但最終，我們會發現變化即將來臨，變化近在眼前，變化已經到來。雖然曾經的一切已不復存在，即將到來的尚未出現，但現在是時候將你的花瓣放開隨風而去，等待重新開始的機會。把一度存在的都獻給風，讓它滋養你內在的種子吧！

現在是臣服的時候，如此蛻變才能發生。如果玫瑰沒有放開花瓣，就無法長出玫瑰果。當我們鼓起勇氣放下過去時，迎接我們的即是未來的果實。

靈魂的詢問
你還在緊抓什麼，
是因為害怕沒有別的東西可以取代它嗎？

△

歸來
THE RETURN

全新的故事。你來決定。校準。聚集成形。

　　你耐心等待著這一刻的到來。你處理內在的
狀態已經有一段時間，目前外在的狀態也開始校準
一致了。身為不斷變化的存有，我們處在一個永無
止境的成長週期。這並不是指我們一直處於綻放的
狀態。不是的：這是代表我們在不停變化。這一張
牌和「花苞」很像；然而，這一張牌的力量更為強

大。它預告一種全新存在方式的到來與走向。一個全新的故事,已經書寫完成。

這張牌預告你生活的巨大轉變。這通常需要時間。有時甚至需要好幾輩子。請肯定自己已經走了這麼遠,已經成長了這麼多。你是創造改變的一部分:除了在自己的生活中,也包括這個世界。花點時間消化這件事。你只是眾人當中的一員,但你在這裡很重要。你是新人類玫瑰中的一片花瓣。是永遠展開的一部分。

事物正在為了你,在你的周遭進行校準。它們正在聚集並開始成形。你會在正確的時間,出現在正確的地點。你的外在世界與內在世界相吻合。這張牌傳遞和諧與聚集成形的訊息,是你多年來保持清晰願景的最終體現。

你為了實現這一刻,一直在做基礎的工作。也許你花了幾個月、好幾年,甚至一生的時間。好好利用這一刻。你可以決定接下來要發生什麼事。

玫瑰的傳導

我肯定自己已經走了這麼遠，已經成長了這麼多。
我來決定接下來要發生什麼事。

△

團聚

THE REUNION

在靈魂層面認出彼此。合作。
夥伴關係。友誼。

歷代的神祕主義者，都會談到當前這一段歷史
時期，而你選擇在其中轉世。不是只有你獨自一人
這麼做。我們攜帶共同的靈魂使命，一波又一波地
前來這裡。你從來就不是注定要獨自一人度過這一
生。現在是我們一起回來的時候。要記得，我們不

是在競爭；相反地，我們為彼此持有鑰匙。這就是玫瑰之道。無論別人在做什麼，你都要勇敢綻放。當其他人與你一起這麼做時，無須感覺受到威脅。

玫瑰不會去看路過的人是誰來決定打開或閉合：她堅定不移地向世界彰顯她的美麗。你也是來做這件事的。有些人在靈魂的層面選擇與你並肩同行。然而，要讓他們找到你，你必須先讓他們看到你。向世界彰顯你自己。敞開心去合作，而不是競爭。

我們當中有許多人，特別是自我認同為女性的人，已經學會了互不信任，好像我們在彼此競爭。這張牌帶有合作、夥伴關係與友誼的訊息。它向你確認有一個或多個人正在進入你的生命。或者，這可能表示你受到召喚，要與你已經認識的人共同創造一個計畫。你們決定要一起綻放。

（下頁繼續）

玫瑰的傳導

我釋放掉任何內建的舊有競爭程式。
我對人際關係與合作敞開心房。
對我來說，信任與共同創造是安全的。
對我來說，清楚地溝通是安全的。
對我來說，設定明確的界限與合作是安全的。

△

玫瑰園
THE ROSE GARDEN

純真。原諒。對自己溫柔。

　　你是聖潔而完整的。你純潔無罪，天性本善。
這裡完全歡迎你。你從來就沒有被趕出花園過。我
們都沒有。這張牌傳遞了歡迎的訊息，回歸我們的
純真本質。

　　如果你覺得自己好像做錯事，卻不曉得自己做
了什麼；如果你為傷害某人而感到羞恥，如果你發

現很難原諒自己，那麼這張牌正在溫柔召喚你，釋放掉任何羞恥與批判，或是不好的感覺。做你需要做的事，來放手、去彌補。請記得，你是人。身而為人，你來這裡是為了學習與成長。其他人也是如此。

你沒有破碎。從來就沒有。你是尚在發展的半成品。我們都是這樣的。你正在學習與拋棄舊習。我們都是這樣的。對自己溫柔，轉而也對他人溫柔。回歸你的人性、你身而為人的資格。請記得，你從來就不是完美的，做人與完美無關。成長與學習，但要溫柔進行。你有良善的一面。記住這一點。珍惜這一點，也在其他人的身上珍惜這一點。

我們都在盡力而為。當我們學習時，可以選擇做一些新的事情。承諾自己每天都致力於學習並做得更好。這就是做人的意義。擁抱我們的人性。若沒有它，我們就會否認陰影，而毫無防備地面對陰影，我們才得以學習與成長。擁抱你的人性，你會發現擁抱他人與整個世界將變得更為容易。

靈魂的詢問

你要如何對自己更加溫柔？

△

維納斯的玫瑰

THE ROSE OF VENUS

校準。流動。適合的關係。和諧。

斐波那契數列及其所根據的黃金比例是一個數字序列,其中的每一個數字都是前兩個數字的總和。玫瑰的花瓣中持有黃金比例,每一組新的花瓣都在前一組的空間中生長。也許這就是為什麼,當我們凝視玫瑰的螺旋,會感覺內在發生了變化。

最初的玫瑰看起來與我們今日所種植的非常不

同。它有五個花瓣；有趣的是，如果我們追溯金星繞太陽運行時的運動，在八年的時間裡，我們會看到它們形成一個五重的玫瑰圖案，稱為維納斯（金星）的玫瑰。維納斯是羅馬的愛、性與生育的女神，而她的象徵符號就是玫瑰。也許古人比我們想像中還要了解宇宙與生命的互有關聯性。

萬物皆有神聖的秩序。自然界擁有生命的密碼，因為你是自然的一部分，所以你也有。有一股智慧之力支配著所有生命。告訴花朵何時綻放與地球如何旋轉的這股力量，同樣存在於你的體內。我們過度分析和過度思考的傾向，會使我們與自然脫節，從而與生活脫節。我們對變革的抵制也是如此。

這張牌邀請你檢視任何感覺不一致的事物，它提醒你信任你生命的織錦、你不斷變化的本性，並致力活出身心靈和諧一致的生活。

靈魂的詢問

有哪些事物不再符合你受到召喚成為的身分？

△

玫瑰線
THE ROSE THREAD

內在的呼召。受靈魂引領。
神祕主義者。勇敢地活著。

這是神祕主義者的牌。他們觸及內心世界的深度，以及與這個世界的內在編織保持連結，甚至遠超出這個世界的範圍。他們致力於傾聽內心深處的神祕之聲。他們跟隨自己的直覺並按照它來生活。在玫瑰線的指引下生活。

跟隨玫瑰線，意味著致力走上玫瑰之道。為人類服務，致力於書寫新的故事。它需要勇氣與信心，以及開闢新道路的意願。

數千年來，玫瑰一直是神祕的象徵。玫瑰線是神祕主義者所遵循的無形路徑。信任它需要勇氣，因為每個人的道路都不一樣。這就是為什麼信任內心的呼召需要勇氣。這麼做的人會獲得巨大的回報。

這張牌表示你受到召喚，遵循這條由內心深處的絲線所引領的啟蒙之路。你可能會發現自己正處在一個巨大的變化中，受到召喚要保持信心，鼓起勇氣邁出下一步。這張牌是鼓勵你繼續採取下一步的標記。它認可去過一種以靈魂為主導的生活所需要的勇氣，並對你總是能帶著信心縱身一躍表示敬意。

玫瑰的傳導

即使當事情感覺不清楚，
特別是當它們確實如此的時候，
我信任自己總是能從內在獲得引導。

△

無刺玫瑰
ROSE WITHOUT THORNS

你有權享受你的喜悅。
平靜。生活的甜蜜。

大多數玫瑰都有保護植物的刺。當你走過時，很容易被它們尖銳的莖刺給鉤住。賞花的人若要獲得盛開的百花皇后那令人驚嘆的美麗與氣息，莖刺本身就是入門的第一道關卡。

但是，有一小部分玫瑰與大多數的不同，要不

是刺很少，不然就根本沒有刺。這就是這張牌的意義。無刺玫瑰邀請你直接潛入你生活的甜蜜。在柔軟中休息。享受美妙的芬芳，稍事歇息並回味在這個身體裡活著的意義。擁抱你生活所提供的所有美麗與幸福。

　　你有權享受你的喜悅，無刺玫瑰希望你現在就接受每一個部分。在生活的甜蜜中慶祝與迷失自己吧！這是個難得的寧靜與享受的時刻。你受到召喚去品嘗它所提供的一切。將它全部飲盡。你值得每一滴汁液。為了這一刻，你已經努力了這麼久。現在，請張開雙臂擁抱它。享受一切是安全的。歡迎這一切。體現這一切。雖然生活不斷在變化，永遠在邀請我們成長，然而現在你的課題，是在當中盡情享受這一切。

玫瑰的傳導
我有權享受我的喜悅。
我感激並啜飲我生命的甜美花蜜。

△

神聖結合
THE SACRED UNION

內心的摯愛。內在與外在的關係。

關係是我們成長的方式;它們撫育和伸展我們。透過連結與分裂、愛與傷害、慈悲與分離,它們邀請我們一次又一次地回到我們即將擁有的最重要的關係:與我們自己的關係。這就是一直在等待我們的神聖結合。

古代神祕教義低聲訴說著神聖結合的祕密:

早期基督教神祕主義和卡巴拉中的 Hieros gamos（神聖聯姻），古埃及教義中的性煉金術，以及藏傳佛教中的 Yab-yum（父親－母親）。我們對愛西斯與歐西里斯這對神祕夫婦並不陌生，但我們每個人的內在其實都有神聖陽性與陰性。而藉由外在關係的神聖結合，總是在邀請我們加深內在的結合。

每一段關係都可以被視為一種邀請，來加深與你內心摯愛之間的連結，即使是／特別是我們最具挑戰性的關係。

神聖結合不僅是你與另一個人之間的結合：它指的是回歸你自己。當我們回歸自己時，我們也回歸了全體人類的身邊。

也許你獲邀透過人際關係來成長。你可能覺得自己正受到考驗或壓力，或是發現自己渴望外在的事物。它邀請你加深內在的連結、完全擁抱自己，並將自己視為地球上最珍貴的人。當你愈能感覺自己被擁抱，你就愈容易擁抱別人。

靈魂的詢問

你如何能擁抱自己多一些？

△

聖水
THE SACRED WATERS

滋養。補給。
健康。休息。自我照護。

聖水是我們所有人的生命之母。她的療癒之水
滋補並賦予我們生命。我們是由她所組成的。就像
玫瑰一樣，我們需要她的水才能生存與成長茁壯。

我們必須將根深深扎下，才能獲得我們亟需的
營養。去感激、保護與尊重我們認為理所當然的事

物。聖水之母所傳達的訊息，是放慢腳步並照顧好自己，尤其是你的身體。把你的福祉放在首位，採取能夠永續發展的方式來生活。她提醒我們要隨時補充和滋養自己，照顧好自己的健康，而不是只有在我們感到不平衡時才這麼做。

在你變得脆弱與乾枯之前，你受到召喚要滋養及補充自己。聖水之母希望你知道，在你的生命中，沒有什麼比照顧自己神聖的身體容器更重要的了，而地球就是它的延伸。她希望你溫柔地對待自己。珍惜你的身體和她的身體。填滿你的井，直到它滿溢；一旦溢出，設法從這個豐裕之處給予你的回饋。在身體釋出緊急訊號前，記得先提供給它最渴求的東西吧！

靈魂的詢問

你的身體正在渴求什麼？

△

二度綻放
THE SECOND BLOOM

第二次機會。永不嫌晚。
新的可能性。

　　這是一張關於第二次機會、新開始、再生與重塑自我的牌。臣服於你內心正在綻放的事物永不嫌晚。重要的是，你要向渴望成長與為人所知的花苞臣服。無論你年齡為何或之前發生過什麼事，這張牌都是在邀請你臣服於二度綻放。迎接新事物並與

這個世界分享。承認你藏匿以久的熱情、欲求、創造及想望，允許它們發芽與綻放。

如果我們允許事情和平結束，新的開始總會到來。如果我們臣服於生命的循環，冬天過後，春天一定會回來。如果我們在肥沃的土地上照料種子，它們最終必定會冒出芽來。

就在我們認為這個季節已經過去，冬天即將來臨的時候，某些玫瑰卻以意想不到的二度綻放祝福我們。如果這張牌出現在牌陣中，很可能表示你也準備好二度綻放了。或許你有一個等待被展示出來的創作。這也可能是你生命中出現的新關係或熱情。也許等待誕生的，是一個全新版本的你。

我們對改變愈是開放，我們對生命就愈開放。我們對生命愈是開放，我們對重生就愈開放。是的，這就是真正活著的意義。敞開對生命說「是」：當你在嚥下最後一口氣這麼做的時候，你會同時感覺自己是全然活著的。

靈魂的詢問

有什麼意想不到的事物渴望從你的內在綻放？

△

索菲亞
SOPHIA

神聖的計畫。智慧。
內在的智能。命運。

　　索菲亞是希臘語，是智慧的意思。索菲亞被
視為創造之初就存在的一股力量，並經常以女性的
形象出現。這顛覆了我們父權思維的理解，認為負
責創造的是唯一的男性上帝。在《聖經》的〈箴
言書〉中，索菲亞說：「在太初創造萬物之先，就

有了我……我在祂那裡為工師。」許多學者和藝術史學家認為，米開朗基羅西斯汀小堂（Sistine Chapel）的天花板上，上帝身邊的女性形象就是索菲亞的代表。哲學家魯道夫‧史坦納（Rudolph Steiner）認為，古埃及的母神愛西斯就是她的化身。

這張牌上的星系與玫瑰的螺旋重疊，是索菲亞作為神聖計畫持有者的神祕表現。告訴玫瑰何時綻放以及星球如何旋轉的智慧，也存在於你之內。這張牌帶來一個訊息，即信任把你帶到這裡的智慧。相信你的命運藍圖已獲得知曉。你有什麼祕而不宣的夢想？你受到召喚去對什麼說「是」？去創造？

索菲亞擁抱宇宙。她掌握著創造的藍圖。沒有人或事會遺漏在外。呼喚她來引導你。在你細胞所存在的智慧中安歇吧！請相信你知道該怎麼做。信任內在的藍圖。允許命運的種子帶領你吧！

玫瑰的傳導

我信任神聖的計畫，啟動在我細胞內的智能，我現在解開我最為廣闊的命運，並據此採取行動。

△

在玫瑰之下
SUB ROSA

隱藏在顯而易見處。奧祕。學習與教導。

數千年來，玫瑰一直是保密的象徵。古羅馬人在特殊場合佩戴玫瑰花環，當這些花環掛在重要的聚會場所上方時，在下面發生的談話就被視為 sub rosa，或稱「在玫瑰之下」。據了解，這裡所指的「在玫瑰之下」意思是「保密，不再重複。」另外，在某個古埃及神祇荷魯斯的形象中，他拿著一

朵玫瑰花坐著，把手指放在嘴唇上，象徵對奧祕保持沉默。

　　sub rosa 這個片語，可能起源於古希臘西元前 477 年，在密涅瓦（Minerva）神廟附屬的一座建築物中所進行的一次祕密談判（詳見這張牌）。建築物的屋頂上有一座玫瑰園，因此稱為 sub rosa。另一個關於這句話的起源理論與愛神有關，據說愛神用玫瑰賄賂了希臘的沉默與祕密之神哈爾波克拉特斯（Harpocrates），藉此說服他對眾神的事務保持沉默。

　　這張牌代表可供我們揭開與憶起的偉大奧祕。祕密等著被你發現，可能是你的靈魂已經準備好要學習的教義。超越你肉眼可見的事物，並深入挖掘。你在這裡是為了揭曉失落的智慧、古老的祕密與深奧的謎團。你是否受到召喚去研究偉大的奧祕、探究巨大的疑問，並成為你作為老師、嚮導或神祕主義者的角色？你是否受到召喚，去質疑事物並發掘未知的真相？

（下頁繼續）

靈魂的詢問

你受到召喚去研究、了解或挖掘什麼？

△

太陽
THE SUN

喜悅。享受。生命力。
成功。活力。玩樂。

在夏天，當太陽在天空中走到最高點的時候，玫瑰也開得最盛。她的香氣甜美，果子尚未成熟。在這個神諭中，太陽代表生命的能量、活力、自信、成功、積極、歡快與生命純粹的喜悅。在離開肥沃的黑暗土壤後，未來的玫瑰開始伸向太陽的光

芒，在玫瑰展現其綻放的潛力時，太陽便在其中發揮滋養的作用。而它也為我們做了這件事。

　　生命中最大的祝福之一，就是在我們臉上感受到太陽的溫暖。飲下生命為我們準備的黃金甘露，花點時間享受生活。這是你的邀請函。感受你的活力。擁抱你的喜悅。享受生活中的小確幸。騰出玩耍的時間。感激自己的身體。去認可編織在所有生命當中奇妙的生命能量。請記得你的靈魂有一個夢想，而你的生活就是這個夢想。

　　這是一張奇妙的牌，預告歡樂、享受與幸福的時刻。太陽也代表內在的小孩，邀請你玩得開心。你最近一直在工作，完全沒有玩樂嗎？你內在的小孩渴望自由奔跑嗎？你能做些什麼來享受生活中的小確幸？當我們允許自己擁有玩耍的空間，那些一度無法解決的問題，很快就會找到解方。

靈魂的詢問

你要如何能更享受生活？

如果只是為了好玩，你會做什麼呢？

△

玫瑰聖殿

TEMPLE OF THE ROSE

古老的力量。表達。啟動。猩紅代碼[4]。

數千年來，女性的力量、表達與智慧一直受到壓制。結果，女性受到禁聲、忽視與不被尊重。我們已經與地球（母親）脫節，不再尊敬我們的長輩。然而時代終於發生改變，而我們都是這個變化

4　譯注：代表啟動神聖的熱情、勇氣與喜悅。

的一部分。

　　每當我們尊重我們的身體，表達我們的智慧，分享我們的聲音，並與我們的感官愉悅相連結，我們就療癒了陰性的神聖絲線。每當我們拿回自己的力量，我們都會療癒陰性的神聖絲線。每當我們圍成一圈，我們就療癒了陰性的神聖絲線。每當我們尊重自身的循環本質及自然的循環週期，我們都會療癒陰性的神聖絲線。

　　無論你認同哪種性別（如果有的話），這都是一張拿回你力量的牌。這是一張表達你真實的牌，無論它是什麼。這張牌要你分享你靈魂的聲音，並唱出你來這裡要唱的歌。

　　這是一張啟動牌。它要求你採取行動。它也代表憶起，你是遠古女神的孩子。當你表達自己時，你就在為所有無法表達的人表達。當你拿回自己的力量時，你就在為所有無法做到的人這麼做。你所突破的每一個枷鎖，都會釋放那些尚未來到這裡的人。

分享你的聲音，唱你的歌，跳你的舞，重申你的力量！這就是你來這裡的目的。

靈魂的詢問

你是如何受到召喚來拿回自己的力量，
表達你的真實，或尊重你內在的循環本質？

△

莖刺
THE THORN

保護。界限。清楚的溝通。

玫瑰是百花女王。她柔軟而芬芳的花朵，從近處到遠方都能使我們屏息。作為天地之間的橋梁，她有能力充當通往我們真實自我的門戶，並將我們的靈魂更全然地召喚進我們的身體中。她讓我們深感敬畏，讓我們在這非常寶貴的時刻體驗到人間天堂。

然而玫瑰並不總是溫柔的。事實上，大多數玫瑰都佈滿了各種形狀與大小的尖頭和盔甲般的突刺。這些鋒利的護衛就像保護女王的騎士，為她明確設定了必要的界限與條件，好讓她去做她生來要去做的事。

其實我們也像玫瑰。很多時候，我們沒有被教導清楚的溝通與愛的界限，對我們的關係有多麼重要。當我們不清楚自己的需求時——當我們不與別人溝通時，當我們不對別人負責時——別人就不可能給我們所需要的東西。而這通常會導致關係的破裂。

溝通我們的需求並建立自身的界限，不僅使我們感到安全，跟我們有關係的人也會同時感到安全。這張牌傳達清楚溝通、界限及對我們的需求負責的重要性。要想弄清楚別人，首先要弄清楚自己。然後再向我們所愛的人與世界溝通這個訊息。

靈魂的詢問

你受到召喚要建立什麼愛的界限？
你如何受到召喚，
去跟你有關係的人進行清楚的溝通？

△

信任季節
TRUST THE SEASONS

擁抱變化。生命的週期。過渡。成長。

我們與地球和她的季節產生脫節,使我們相信我們應該要全年盛開。我們應該要成長、成長、一直成長,不留下削減的空間。當我們專注於永無止境的綻放時,我們就會忘記生命中所有階段的重要性。

有如自然界的一切,玫瑰每天都在教導我們

這一點。她永遠向我們展示如何在瞬息萬變的世界中，擁抱瞬息萬變的季節。我們不應該保持不變。關係並不意味著保持不變。生活並不意味著保持不變。這個星球上的任何事物，都不會一成不變。季節教會了我們這一點。日夜教會了我們這一點。時間與年齡教會了我們這一點。生與死教會了我們這一點。我們可能會回到某個地方、某個人的身邊，但事情不會完像以前那樣，因為周遭一切與每一個人都一直在改變。沒有什麼是靜止不動的。

我們愈試圖控制事物並使它們保持不變，就愈遠離生命之流與我們自己。改變可能令人畏懼，因為它代表臣服於過渡狀態的未知。你變得不再是原來的你，也不是你即將成為的那個人。它需要一種對蛻變的信任。信任為了重生所發生的死亡。以及，對我們生命的所有季節致上深切的敬意。

我們愈抗拒改變，我們就愈遠離我們正在成為的人。當我們能夠擁抱變化，我們就是在擁抱生命與自然，並永遠成為真正的自己。

（下頁繼續）

靈魂的詢問

你如何才能擁抱你生命中不斷變化的季節？

荒蕪之地
永續性。慢五來。照料自己的花園。

△

荒蕪之地
THE WASTE LANDS

永續性。慢下來。照料你的花園。

　　13 世紀法國有一個不知名的神話，以一首名為〈闡明〉（The Elucidation）的詩來表現，講述一位國王濫用他本應守護的土地的故事。國王辜負了井女們（守衛這片土地水井的神靈）的信任。於是，她們逃走了。後來，井水開始乾枯，植物相繼枯萎，曾經豐沃的土地變得貧瘠，最後成了一片荒

蕪之地。

這是整副牌當中威力最強大的一張牌。它敲響一記警鐘，要我們停止讓自己變得脆弱乾裂，而無法以永續的方式生活的破壞性行為。神聖陰性是豐盛富饒的；她知道地球可以提供我們所需的事物，而她只拿取需要的部分，不會多拿。她照料她的周遭與她體內的地球。她是平衡的護持者，以及所有生物的保護者。

玫瑰見證了文明的來去、帝國的興衰。她正透過這張牌傳遞一個緊急的訊息，要我們放慢速度並停止任何無法持續下去的存在方式。放下使我們脆弱乾裂的任何東西。照料我們的花園、我們的身體和我們的地球吧！

靈魂的詢問

哪種存在方式對你來說已經無法持續下去？

△

我們即自然
WE ARE NATURE

扎根。體現。活在連結中。

我們在世界的頂端建立了一個世界。如果你在字典查找「自然」這個詞，你會看到植物、動物與景觀的範例，但沒有提及人類。我們說「融入自然」或「腳踏實地」是我們需要做的事。我們已經忘記了，我們並不存在於自然中—— 我們即自然。

以地球為本的原住民傳統一向認為，地球與

所有生命體都是互相連結與神聖的，人類與地球本身即為一體。地球與玫瑰母親正在呼喚我們回到地球，將神聖的事物編織回去，將自然編織回我們日常生活的中心，將自己視為自然，並花更多的時間與活生生的自然世界互動：回歸於自然。你與自然之間的關係如何？你與自己的身體有什麼關係？你如何能以更扎根的方式來生活？

這張牌邀請你與地球建立更深層的連結。花時間積極與周遭的物質自然世界相處，照料它，並擔任它的看管人。看見所有生命中的神聖。注意到你周遭與你內心不斷變化的季節，並記得你也是地球不斷變化的景觀的一部分。要記得你就是自然，你總是會在自然中找到自己的真實本性。擁抱這具作為你居所的身體。地球是你的母親。

靈魂的詢問

你如何才能更深入地與自然和
你自己的真實本性連結？
你如何才能回到地球，變得更落地？

大地母親的低語
WHISPERS OF MOTHER EARTH

創造力。想法。靈感。藝術家。作家。管道。

　　你的內在有許多創作的種子——在你出生前就已經種下。尚未出生的可能性渴望被編織，創意的解決方案等待被實現。古老的大地之歌在你耳邊嗡嗡作響，受到召喚要吟唱出聲，全新的意識渴望被寫成有形的物質。

　　臣服在你耳邊低語的創作吧！也許它們在呼喚

你以某種微小的方式重新編織生命之網。把靈魂再縫進去一些。我們為彼此攜帶鑰匙而來，當你分享你的歌曲時，它也會打開其他人身上的某些東西。

創造力與直覺來自同一個神聖的地方；它們是無法被複製的。當我們發現自己與生命的其他部分一同流動時，它們就會發生。地球是一個充滿創造力的星球，然而我們當中的許多人早已忘記了如何真正創造。有這麼多的人類被豢養出消費的習慣：我們是如此專注於更多、更多、還要更多，以致我們忘記了如何永續發展。我們的消費正在扼殺我們。

信任已經在你心中播下的種子。一路走來，我們不再將自己視為藝術家、發明家、詩人、歌手……然而，身而為人就是要有創造力。結果如何並不重要，你只要抽出時間，透過創造力來表達你的靈魂。播在你內心的種子會為你指明道路。它們帶有智慧，而你需要做的就是透過日常、有創意的行動來照料它們。

靈魂的詢問

你的靈魂最渴望創造什麼？

△

野玫瑰
THE WILD ROSE

照你的方式去做。
擁抱你的獨特。桀驁不馴。

　　如果有人說你不正常，說聲謝謝。如果有人
說你做的事不正常，說聲那當然。野玫瑰知道，沒
有一朵玫瑰會與另一朵相同。她不會試圖按照時間
表，開出整齊的一排花。她不會去看路過的人是誰
來決定打開或閉合。她信任她的時機，她狂野不羈

地綻放開來。她堅韌不拔。她知道自己是誰。

野玫瑰知道她真實、獨特的本性，她希望你也能夠記住你的本性。她知道，使你狂野的東西會讓你自由。是那些讓我們受到控制的東西，帶給了我們傷害。我們現在比以往任何時候，都更需要自身多樣化且獨特的天性。

這張牌邀請你去做最使你感到自由的事情。信任讓你脫穎而出的事物。要意識到你從來就沒有打算要融入他人。你從來就不是注定要以完美、有教養的方式成長。你從來就沒有想過要與別人一同綻放。你永遠不會受到俘虜或控制。

大自然充滿了多樣性。這是它生存的必要條件。這也是我們的必要條件。因此，成為你來到這裡要成為的人吧！去表達你來這裡要表達的東西。唱你來到這裡要唱的歌。狂野的人們將攜手同行，使我們所有人都獲得自由。

玫瑰的傳導

我把自己從束縛中解放出來。
我允許我內心獨特的野性獲得自由。

△

深入了解

如果你想要更深入了解芮貝卡的工作，有以下這幾種方法。

《玫瑰神諭》官網

想要加深你與牌卡的連結，收到《玫瑰神諭》調頻方法和播放列表，與玫瑰母親連結，並探索花卉作品以及其他將靈魂編織回日常生活的方式，請至：www.theroseoracle.com。

個人化的神諭卡解讀

每個月我都會做少量的個人化、用手抽牌的解讀。你可以到這裡了解更多訊息：

www.rebeccacampbell.me/readings。

「你就是神諭」課程

如果你想加強與牌卡和直覺的連結，請至：

www.rebeccacampbell.me/oracle。

作者所著之神諭卡套組

《啟動內在光能神諭卡》

《星際種子神諭卡》

課程、冥想與會員資格

想要更深入與芮貝卡合作，請至：
www.rebeccacampbell.me/shop。

作者著作

《給星際種子的信》（*Letters to a Starseed*）

《起來吧姊妹站起來》（*Rise Sister Rise*）

《光是新的時尚黑》（*Light Is the New Black*）

△
參考書目

Austin, D. (2014), *The Breathing Earth*. UK: Enitharmon Press.

Austin, D. (2012), *English Roses*. UK: ACC Art Books Ltd.

Barker, C.M. (1996), *The Complete Book of the Flower Fairies*; 2016 edition. UK: Frederick Warne.

Carolus (1877), 'SUB ROSA.' National Journal of Education, 6(6), 65: www.jstor.org/stable/44962498 [Accessed July 3, 2021].

Ferguson, J. (2019), 'Astronomy Explained Upon Sir Isaac Newton's Principles': www.gutenberg.org/files/60619/60619-h/60619-h.htm [Accessed May 8, 2021].

Freeman, M. (2014), *Grail Alchemy*. Vermont: Destiny Books.

Giles, R. (2021), *Bloom*. UK: Tate Publishing.

Gray, S. (2011), *The Secret Language of Flowers*; 2015 edition. UK: CICO Books.

Hennessy, A. (2020), *The Healing Guide to Flower Essences*. USA: Quarto Publishing Group.

Hess, K. and Schwartzberg, L. (2016), Flowerevolution. USA: Hay House.

Mancoff, D. N. (2003), *The Pre-Raphaelite Languages of Flowers*, 2019 edition. New York: Prestel Publishing.

NASA Content Administrator (2021), 'A "Rose" Made of Galaxies': www.nasa.gov/multimedia/imagegallery/image_feature_2134.html [Accessed May 17, 2021].

Newcomb, L. (1977), *Newcomb's Wildflower Guide*. USA: Little, Brown and Company.

Othoniel, J. (2019), *The Secret Language of Flowers*. France: CPZ.

Pemberton, J. H. (1908), *Roses: Their History, Development and Cultivation*. London: Longmans, Green and Co.

Phillips, R. and Rix, M. (1993), *The Quest for the Rose*. New York: Random House.

Powell, R. (2021), 'Sophia and the Rose of the World': https://sophiafoundation.org/wp-content/uploads/2017/04/sophia-and-the-rose-of-the-world-article.pdf [Accessed March 22, 2021).

Quest-Ritson, C. and B. (2003), *The Royal Horticultural Society Encyclopedia of Roses*. UK: DK.

RHS Content Administrator (2021), 'Introducing Roses': www.rhs.org.uk/plants/popular/roses/ [Accessed: 17 May 2021].

Seward, B. (1955), 'Dante's Mystic Rose. Studies in Philology' 52(4), 515–523: www.jstor.org/stable/4173144 [Accessed July 3, 2021]

Smith, H. (2020), *The Bloom Book*. Boulder, Colorado: Sounds True.

△

關於作者

芮貝卡．坎貝爾是一位作家、詩人、神祕主義者、藝術家、儀式主義者與母親。她的創作致力於將靈魂與神聖融入日常生活。

芮貝卡出生於澳洲，目前住在英國格拉斯頓伯里。小時候，她便著迷於未知的偉大奧祕，十八歲時，她回應了內心的召喚，獨自朝聖，探索她祖先的聖地。從那之後，她有過幾次啟蒙性的覺醒體驗，並自 2010 年以來，一直有意識地與玫瑰合作。芮貝卡相信我們即自然，就像大自然一樣，我們也在不斷變化。她的「三大步驟，活出以靈魂為主導的生活」（Three Steps to Living a Soul-led Life）改變了成千上萬人的生活。在寫書之前，芮貝卡是一位屢獲殊榮的創意總監與概念發明家。

 rebeccacampbell.me

 @rebeccacampbell_author

rebeccacampbell.me/newsletter

△

關於藝術家

凱蒂—露易絲是一位直覺敏銳的靈性藝術家，她創造了宇宙的意象，頌揚我們神聖宇宙中所有純潔和美麗的事物。她的意象來自藉由她的心靈與靈魂表現的更高力量。

凱蒂—露易絲的大部分靈感，集中在神聖陰性與每天圍繞著我們的魔法上，我們有時會忘記看到這些魔法。她透過煉金術轉化陰影，替我們在日常生活中所面臨的掙扎帶來光明、無條件的愛與閃耀的光芒。

 @she_is_luminous

 sheisluminous.com

△

關於譯者

安德魯

　　曾任出版社編輯。深受新時代導師露易絲·賀的啟發，相信深層的情緒療癒和自我照護能協助喚醒內在的力量。期許自己將更多的正能量帶給追求靈性成長的個人、企業、非營利組織和助人工作者。譯有《脈輪智慧指引卡》、《星際種子神諭卡》、《月亮顯化神諭卡》和《茶葉占卜卡》。

△

譯者的話

玫瑰被視為內心的摯愛（the beloved within），
當你擁抱玫瑰、與玫瑰合作時，
等於走上一條回歸自己、愛自己的道路。

另外，作者芮貝卡提及的
「玫瑰（絲）線」（Rose Thread），
讓我聯想到小說《達文西密碼》
聖許畢斯教堂的玫瑰線，
只是一個是文學和地表呈現的角度，
另一個是神祕性靈的內在角度；
當我們遵循這條所謂的玫瑰線，
就是遵循我們靈魂的低語，
無時無刻致力於活出玫瑰的美、
莖刺的界限、勇敢綻放，
以及尊重生命週期、不斷變化的本性，
進而將過往對神聖陰性的崇敬

重新「編織」回我們的生命中，
不再與自己的身體、大自然和這個地球斷聯。

在翻譯這副牌卡的過程中，
我確實能深刻感受到女神的推動，
願觸及與使用這副牌卡的你，
也能深刻感受到這溫暖的祝福。

安德魯

國家圖書館出版品預行編目資料

玫瑰神諭 真愛指引卡 /
芮貝卡‧坎貝爾 (Rebecca Campbell) 著；凱蒂‧露易絲
(Katie-Louise) 繪；安德魯譯. -- 臺北市：三采文化股份
有限公司, 2023.06
　　面；　公分. -- (Spirit 身心靈；36)
譯自：The rose oracle : a 44-card deck and guidebook.
ISBN 978-626-358-073-2(平裝)

1.CST: 占卜

292.96   112004991

suncolor
三采文化集團

Spirit 36

玫瑰神諭 真愛指引卡

作者｜芮貝卡‧坎貝爾 Rebecca Campbell　繪者｜凱蒂‧露易絲 Katie-Louise

譯者｜安德魯　主編｜喬郁珊　版權副理｜杜曉涵

美術主編｜藍秀婷　封面設計｜莊馥如　內頁排版｜顏麟驊

行銷協理｜張育珊　行銷副理｜周傳雅

發行人｜張輝明　總編輯長｜曾雅青　發行所｜三采文化股份有限公司
地址｜台北市內湖區瑞光路 513 巷 33 號 8 樓
傳訊｜TEL:8797-1234　FAX:8797-1688　網址｜www.suncolor.com.tw
郵政劃撥｜帳號：14319060　戶名：三采文化股份有限公司
初版發行｜2023 年 6 月 30 日　定價｜NT$1280
　2 刷｜2024 年 4 月 15 日
THE ROSE ORACLE
Copyright © 2022 Rebecca Campbell
Originally published in 2022 by Hay House UK Ltd.
Complex Chinese edition copyright © 2023 Sun Color Culture Co., Ltd.
This edition published by arrangement with Hay House (UK) Ltd. through Bardon-Chinese Media Agency.
All rights reserved.